예민함이라는
무기

자극에 둔감해진 시대를 살아가는 우리에게 필요한

# 예민함이라는 무기

롤프 젤린 지음 ● 유영미 옮김

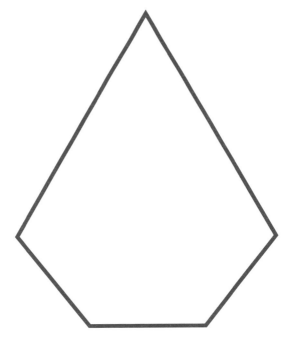

나무생각

# 차례

## 우리들의 이야기

본격적인 시작에 앞서 아래 글을 읽고 '이건 내 얘기야!'라고 생각했다면 이 책은 당신을 위한 책이다.

**전형적인 순간**

게를린데는 또다시 마음속으로 스스로를 자책한다.

'다른 사람들은 안 그런데 난 왜 이리 걱정이 많지? 다른 사람들은 잘만 지내는데… 이 프로젝트를 망칠지도 모른다는 생각에 계속 신경 쓰여.'

게를린데의 눈에 다른 사람들은 도무지 아무런 생각이 없어 보인다. 하지만 시시콜콜 문제 삼으면 다른 사람들이 싫어할 것이 빤하니 아무 말 하지 못한다. 게다가 해결책을 제시하지 못할 바에야 문제점을 지적하는 게 무슨 소용이 있겠는

가. 시원한 해결책을 찾는다면 얼마나 좋을까? '아냐! 이런 건 원래 상사가 생각할 일이지, 내 업무가 아니잖아? 나는 왜 내 일도 아닌 것 때문에 이렇게 골머리를 앓는 거야?' 게를린데는 이렇게 생각하는 자신이 못마땅할 뿐이다.

점심시간이 되어 동료들이 쏜살같이 구내식당으로 가버리자 게를린데는 사방이 조용해진 것에 안도감을 느낀다. 하지만 조용해지자마자 또 다른 자극들이 그녀를 옥죄어 온다. 웅웅거리며 돌아가는 온풍기, 미세하게 '삐-' 소리를 내는 히터, 오르락내리락하며 움직이는 엘리베이터, '윙-' 하며 돌아가는 노트북 환풍기, 똑딱거리는 시계까지….

조금만 더 시간을 내면 일을 말끔히 끝마칠 수 있지만 게를린데는 동료들과 똑같이 시간을 활용해야 한다는 압박감에 쫓기며 일을 대충 끝낸다. 책상도 서둘러 대충 정리한다. 사실 쫓기듯이 치우고 나면 필요한 것을 제때 찾을 수 없어 게를린데는 이런 식으로 치우는 것을 좋아하지 않는다. 하지만 이렇게 대충이라도 치워두지 않으면 사람들이 그녀의 어지러운 책상을 보고 어떻게 생각할지 더욱 신경 쓰게 된다.

게를린데는 사무실뿐만 아니라 구내식당에도 신경이 쓰인다. 점심을 먹을지, 아니면 산책을 할지 갈팡질팡하기 일쑤다. 하지만 점심을 거르고 산책을 하면 나중에 찾아올 배고픔을 혼자서 따로 해결해야 한다는 생각에 이른다.

점심을 먹으러 가는 길에 만난 마케팅부 동료들은 무엇 때문인지 모르지만, 싱긋싱긋 웃고 있다. 게를린데는 그들이 자기 때문에 웃는 것만 같다. '아, 거울을 보고 올 걸 그랬나? 지금 내 모습이 뭔가 이상한가?' 게를린데는 자신에게서 눈에 띄는 이상한 점은 없는지 살펴본다. 그 순간 맞은편에서 사다리를 들고 오는 경비 아저씨를 피해 오른쪽으로 비켰다가 멈칫하고는 다시 왼쪽으로 비켜선다. 아저씨가 사다리를 반대 방향으로 돌리며 겨우 충돌을 피한다.

구내식당에 들어서자마자 식당 전체의 분위기가 게를린데를 압도한다. 눈부신 햇빛, 서로 경쟁이라도 하듯 식당에 퍼진 갖가지 음식의 냄새, 식기들이 부딪치는 소리와 왁자지껄 떠드는 사람들의 소리, 숟가락으로 수프를 떠먹으며 그릇을 긁는 소리까지… 식당 안을 채우고 있는 모든 것들 때문에 소름이 끼치고 신경이 곤두서서 치통이 올 지경이다.

그때 슈테헬 씨가 게를린데에게 다가오더니 일 이야기를 꺼낸다. 그녀가 이제 막 배식대에 들어섰는데 말이다. 그녀는 도무지 집중을 할 수 없어 건성으로 듣는다. 계속 "네." "그래요."만 반복할 뿐이다. 동시에 자신이 이렇게 대답한 걸 나중에 후회할 거라는 예감이 든다.

드디어 슈테헬 씨를 떼어버리는 데 성공했다! 게를린데는 어디에 줄을 설지 고민하다가 무슨 메뉴를 받는 줄인지도 모른 채 가장 짧은 줄을 선택한다. 하지만 자신의 뒤로 사람이 서자마자 벌써 인내심의 한계를 느낀다. 앞줄은 줄어들지 않고, 뒷사람은 자꾸 미는 상황이 벌어진다. 식은땀이 난다. 그러자 자신의 땀 냄새가 다른 사람들의 식욕을 망칠지도 모른다는 두려움이 밀려온다. 이런 긴장감을 도무지 견딜 수 없다.

지금이라도 줄에서 빠져나갈까? 그럼 사람들이 어떻게 생각할까? 우유부단한 사람으로 여길까? 너무 민감한 사람으로 보일까? 아니면 참을성이 없다고 여길까? 이런 생각을 할수록 그녀는 방광에 압박감을 느끼고 이내 화장실에 가고 싶어진다. 방광이라는 단어를 떠올리기만 해도 이미 요의가 느껴진다. 식판이 있는 곳까지 오지 않았다면 그냥 줄을 이탈해서 따뜻한 식사를 포기했을 텐데, 이미 디저트 코너까지 다다랐다. 체중 감량을 하겠다고 몇 번이나 결심했지만 달콤한 디저트 하나를 식판에 올린다.

붐비는 구내식당에서 식판을 들고 이동하기가 쉽지 않지만, 이제 어디라도 좋으니 조용한 곳에 자리를 잡기만 하면 된다. 주변을 둘러보다 벨츠 부인과 눈이 마주쳤고, 벨츠 부인은 자기 옆자리에 앉으라는 눈신호를 보낸다. 도저히 거절할 수 없는 상황이다. 게를린데는 미소를 지으며 벨츠 부인 옆에 자리를 잡는다. 이어 어떤 상황이 벌어질지 뻔히 알면서도 말이다. 벨츠 부인은 또 신세 한탄을 늘어놓을 것이다.

한편으로 생각하면 게를린데는 이 상황이 자못 영광스럽다. 벨츠 부인이 아무에게나 속 이야기를 늘어놓지는 않기 때문이다. 결혼생활처럼 중요한 주제에 대해 깊은 대화를 할 수 있다는 점도 마음에 든다. 물론 자신이 아무리 조언을 해주어도 벨츠 부인은 결코 그것을 실행에 옮기지는 않지만 말이다.

게를린데는 오늘은 자신도 뭔가 사적인 이야기를 해보고자 시도한다. 그래서 어렵사리 자기 이야기를 꺼내는데 벨츠 부인은 갑자기 급하게 해결해야 할 일이 떠올랐다며 서둘러 자리를 떠난다.

# 우리들이 바라는 이야기

아래 글을 읽고서 '나도 이런 사람이 되고 싶어.'라고 생각했다면 이 책은 당신을 위한 책이다.

## 전형적인 순간

점심을 먹으러 내려가기 전, 게를린데는 시간적 여유를 가지고 조용히 일을 마무리한다. 책상을 정리하고, 오후의 주요 업무들을 떠올려보며, 급한 정도와 중요한 정도에 따라 일의 우선순위를 정한다. 예기치 않은 일이나 급한 일이 닥쳐와도 감당할 수 있을 것 같은 기분이 든다. 게를린데는 남들보다 시간을 조금 더 필요로 하는 자신의 업무 스타일을 인정하고 있으며, 두루두루 돌아보고 배려하는 능력과 책임감을 (상사와 마찬가지로) 스스로 높이 사고 있다.

게를린데는 구내식당으로 가기 전에 잠시 마음을 가다듬는다. 아니, 마음을 모은다고 할까? 그녀는 미소를 지으며 업무 진행 과정에서 흐트러진 주의력과 에너지를 불러 모아서 다시 자신에게 집중한다. 신체에 주의를 기울이고 호흡을 의식한다. 호흡은 한결 깊고 편안해진다. 전체적으로 훨씬 안정감이 느껴지고, 한껏 긴장해 있던 신체가 이완되는 것을 느낀다. 어떻게 하면 더 쉽고 편안하게 일을 할 수 있는지 알지만, 가끔은 너무 눈치를 보며 살았다는 생각이 든다.

　구내식당으로 가는 길에 마케팅부 직원들이 재미있게 웃고 떠드는 걸 보자, 그들을 향해 미소를 지으며 인사를 건넨다. 마케팅부 동료들도 인사를 해온다. 그녀를 비웃고 있었다면 자신에게 그렇게 자연스럽게 인사를 하지 않았을 것이다. 자신이 그들의 대화 소재가 될 이유가 뭐란 말인가. 자신에게 충실하면 다른 사람들에게 괜히 안테나를 곤두세울 필요가 없다.

　전에는 다른 사람들의 눈치를 보느라 힘들었고 다른 사람들의 기분에 자신의 기분도 좌우되었다. 하지만 이제 게를린데는 동료들의 명랑함을 의식적으로 자기 것으로 받아들인다. 그리고 명랑한 기분으로 구내식당에 들어선다. 커다란 창으로 들어온 햇빛이 실내에 있는 식물의 잎사귀에서 반짝거려 기분이 좋다. 바닥에 드리워진 식물 잎들의 독특한 그림자는 마티스의 작품을 연상시킨다.

그녀가 매 순간 자신에게 충실하고 자신에게 주의를 기울이고 있기 때문에, 구내식당의 소음은 그저 배경음으로 머물 뿐 그녀의 기분에 영향을 주지 못한다. 슈테헬 씨가 다가와 일 이야기를 꺼내려고 했지만, 잠시 브레이크가 걸린 것처럼 멈칫거린다. 슈테헬 씨가 입을 열기 전에, 게를린데가 오후 2시쯤에 전화를 할 예정이었다며 선수를 친다. 그러고는 업무에 대한 상의를 해보자고 제안하고 친절한 미소와 함께 그를 따돌린다.

배식대 앞에 선 그녀는 잠시 시간을 두고 메뉴를 선택한다. 이런 시간은 자신의 필요를 더 민감하게 지각하고, 자신을 돌아보는 연습이 된다. 칙칙한 적갈색 소스에 미트볼이 들어 있는 느끼한 스파게티를 먹으면 신체가 어떻게 느낄까? 절인 감자와 양배추를 곁들인 바이에른 식 돼지고기 구이, 아니면 야채 스튜에는 신체가 어떻게 반응할까?

게를린데는 신체의 소리에 귀를 기울인 뒤 야채 스튜로 결정한다. 야채 스튜의 줄이 가장 길었지만, 배에서부터 벌써 만족감이 느껴진다. 줄을 선 다음에는 앞사람, 뒷사람과 충분한 거리를 확보한다. 뒤에 선 여직원이 슬슬 앞으로 밀며 다가오지만 개의치 않는다. 그녀는 런던에서 2층 버스를 타려고 줄을 섰던 때를 회상한다. 어느새 손에는 야채 스튜가 담긴 쟁반이 들려 있다.

최근 벨츠 부인에게 부부 문제를 상담하는 심리 치료사의 전화번호를 건네주었다. 그 덕분에 벨츠 부인은 더 이상 옆자리에 앉으라는 눈신호를 보내지 않는다. 오늘은 누구와 함께 점심을 먹을까? 다른 사람들에게 그다지 신경을 쓰지 않는 사람들 옆에서 먹을까? 물론 혼자 먹을 수도 있다. 슈타이너 씨나 퀴프너 씨와 대화를 해보면 어떨까? 평소 그들에게 호감을 느끼고 있던 게를린데는 인사를 하고, 그들 옆에 앉아도 될지 물어본다.

---

예민한 성향을 가진 사람이 만족스럽게 살지, 불만스럽게 살지, 행복하게 살지, 불행하게 살지, 지쳐서 살아갈지, 열정적으로 살아갈지는 자신에게 달려 있다. 가상 인물 게를린데의 이야기처럼 예민한 사람 중에는 자신의 예민함 때문에 힘들어하는 사람도 있지만 자신의 소질을 건설적으로 활용할 줄 아는 사람도 많다. 자신의 예민한 성향을 결점에서 강점으로 변화시키는 법을 배우고 싶다면 환영한다.

---

## 들어가며

# 나는 예민한
# 내가 좋다

몇 년 전, 화창한 9월의 어느 오후 나는 캘리포니아 산타바바라의 한 서점에 들렀다. 그때까지 나는 그 순간이 내 인생의 전환점이 되리라는 걸 예감하지 못했다. 나는 《타인보다 더 민감한 사람The Highly Sensitive Person》이라는 책을 발견했다. 책 제목을 보고 꽤 흥미롭다고 생각하며 부제에 눈길이 머문 순간 가슴이 뛰기 시작했다. "견디기 힘든 세상에서 보란 듯이 살아내는 법!" 어릴 적부터 알고 있던 감정을 건드린 기분이랄까. 나는 그 서점에서 이 책의 저자 일레인 아론Elaine N. Aron의 책을 몇 권 구입해서 읽고 또 읽었다. 그녀의 책에는 바로 내 이야기가 담겨 있었다.

그때의 독서 경험은 단순히 '저자가 나 같은 사람들을 꽤 잘 알고 있네.' 하는 느낌으로 그치지 않았다. 그 경험으로 인해 나는 그동안 깨닫지 못했던 일과 인생의 중심을 찾았다. 사실 나는 나 자신을 잘 이해하고 바람직하게 살기 위해 심리 치료를 공부했고 많은 기술과 방법을 습득하고 개발해 나와 비슷한 성향을 가진 사람들을 대상으로 세미나와 개인 상담을 제공해왔다. 자신의 지각을 조절하고 자극을 의식적으로 처리하며 고통을 줄이는 방법도 포함되어 있었다. 자신에게 집중하고, 의식적으로 무신경하고, 자신과 다른 사람들 사이의 내적인 거리를 확보하는 연습도 해왔다. 스트레스를 감소시키는 방법, 사고 습관과 감정 패턴을 바꾸는 방법도 중요하게 다루었다. 결국 나는 예민한 성향을 건설적으로 다루는 작업을 해왔던 것이다. 하지만 정작 나 스스로는 나의 작업이 '예민함'을 향하고 있다는 것을 알지 못했다.

이제 나는 나의 노력들이 예민한 사람들을 향한 것이었음을 의식하게 되었고, 나의 직업에서 중심을 잡을 수 있게 되었다. 이제 나와 나의 주변 사람들을 한 가지 명칭으로 정의할 수 있게 되었고, 명칭을 부여하자 그들에게 다가가는 것이 훨씬 수월해졌다.

### 예민한 성향을 가지고 어떻게 살아갈 수 있을까?

나는 이 책에서 예민한 사람들의 특성과 이런 성향 때문에 빚어지는 다양한 문제 상황을 소개하는 것에서 그치지 않으려고 한다. 예민한 사람들의 자존감을 단기적으로 북돋워주는 것만으로는 충분하지 않다. "어떤 사람들은 예민한 성향을 가진 채 행복하고 내적으로 충만하며 외적으로도 성공적인 삶을 사는데, 왜 어떤 사람들은 예민한 기질을 짐처럼 느낄까?" 나는 이 질문의 답을 찾기 위한 이야기를 시작하려 한다.

예민함 덕분에 행복하기는커녕 괴롭기만 한 사람들에게는 무슨 일이 일어나는 것일까? 그들 안에서 어떤 과정이 진행되는 것일까? 그들은 어떻게 지각하는 것일까? 자극을 어떻게 처리하는 것일까? 어떤 태도로 살아가는 것일까? 어떤 방식으로 상황을 만들어가는 것일까? 어떻게 하면 예민함이라는 재능이 삶에 유익이 되도록 할 수 있을까? 지각, 사고, 감정, 의사소통, 에너지를 어떻게 다루어야 할까? 예민한 성향을 삶의 이점으로 만드는 것은 전적으로 가능한 일이다. 당신도 가능하다.

## 경계를 설정하는 법을 배우기

과거에 나는 내담자들과 더불어 늘 빗나간 노력들을 해왔다. 주변에 적응하고자 하는 노력들, 되도록 둔감해지려는 노력들을 해왔던 것이다. 그 모든 것들이 자신의 본모습과 다르게 살려는 노력들이었고, 자연스러운 지각을 포기하고자 하는 헛된 노력들이었다. 그렇게 노력하는 가운데 자기 지각이 희생되어야 했다. 그러나 이런 지각은 사그라드는 듯하다 다시 금 고개를 들고 찾아왔다.

스스로를 제때에 지각하지 못하는 사람은 스스로를 제대 로 챙기지 못한다. 자신에게 충실하지 못하고, 삶에서 자신의 자리를 찾지 못한다. 그러면 외부 세계와 접촉할 때마다 에너 지를 잃게 되고, 자기 색깔을 내고 선을 긋는 데 문제가 생긴 다. 반면 의식적으로 지각하고, 중심을 잡고, 자기 정체성과 경계를 분명히 할 수 있는 사람은 에너지가 충만하다.

그렇다면 자신의 경계란 무엇일까? 경계 설정을 다루는 책을 여러 권 읽은 뒤에도 경계를 자기 맘대로 설정할 수 있 다고 생각하는 사람들이 있다. 그러나 사실 경계는 그렇게 자 의적으로 설정할 수 있는 것이 아니다. 경계는 신체적, 감각 적으로 구체적인 토대 위에서 정해진다. 그러므로 경계를 잘 못 설정하면 갈등이 유발되는 것은 당연하다.

예민한 사람들의 경우 자신의 경계를 분명히 하고, 예민한 사람들에게 종종 부족해지기 쉬운 갈등 해결 능력을 개발해 나가는 것이 중요하다. 그럴 때에야 비로소 친구 관계에서건, 파트너 관계에서건, 자신들의 특별한 재능을 효과적으로 펼 칠 수 있다. 독자들은 이 책에서 스스로의 한계를 지각하고, 경계 설정을 분명히 하는 연습들을 발견할 수 있을 것이다.

예민한 사람들의 자극 지각 방식은 보통 사람들과 다르다.

많은 자극을 받아들이는 사람은 처리해야 할 정보도 많아지기 때문에 여러 가지 일이 생긴다. 또한 예민한 사람들은 생각도 다르게 한다. 따라서 예민한 사람들이 자신의 특별한 잠재력을 발휘하려면, 의식적으로 지각하고 의식적으로 사고하는 법을 배워야 한다. 의식적인 지각, 의식적인 사고. 이것이 이 책의 중심 주제다. 예민한 성인 남성, 예민한 성인 여성, 예민한 아동은 서로 많이 다른 상황에 처해 있으므로 이 책에서는 예민한 사람들을 남성, 여성, 아이로 분류해 살펴볼 것이다.

## 당신이 얻을 수 있는 것

이미 예민한 사람의 상황을 다루는 책들이 여러 권 나와 있다. 그 책들에서는 예민한 사람들의 상황을 한탄하기도 하고 미화시키기도 한다. 이제는 예민한 성향에 건설적이고 능동적으로 대처할 수 있는 방법을 모색할 때가 되었다. 예민한 성향이 우리 자신과 다른 사람들에게 축복으로 작용할 수 있게끔 하라.

　나는 예민한 사람이 저지를 수 있는 실수를 나의 경험을 통해 속속들이 알고 있다. 내 조언들이 얼마나 효과적이냐는 질문을 받으면, 나는 내담자나 세미나 참가자의 간접 경험보다 내 자신의 경험을 주로 들려준다. 나는 전후사정을 잘 알고 있다. 나는 예민한 사람들의 지각 방식과 자극 처리 방식을 연구했으며, 임상 경험을 쌓았다. 이런 인식과 경험을 이 책에 오롯이 담을 것이다. 당신이 이 책을 활용해 예민함을 결점이 아닌 강점으로 변화시키고, 더 기분 좋고 충만한 삶으로 나아갈 수 있기를 바란다.

이 책에서 여러 가지 질문, 실험, 연습을 통해 예민한 기질을 바람직하고 자의식적으로 다룰 수 있게 될 것이다. 자신의 상황을 더 이해할 수 있게 될 것이고, 이제껏 다루었던 자신을 다르게 대할 것이며, 자신의 재능을 펼칠 방법들을 발견하게 될 것이다. 자신의 지각을 조절해 적절히 투입할 줄 알게 되면, 지금까지와는 전혀 다른 삶을 살 수 있다.

나는

예민한 사람입니다

마음의 보호막 진단법

예민하다는 것은 일단 보통 사람들보다 자극을 더 많이, 더 강하게 받아들인다는 의미다. 성격이 강한지, 약한지, 외향적인지, 내향적인지, 어떤 재능을 가지고 있는지, 지능이 얼마나 높은지 하는 것은 예민함과는 상관이 없다. 물론 예민함과 높은 지능 사이에 뚜렷한 상관관계가 나타나기는 한다. 예민한 것에도 여러 종류가 있으며, 예민한 사람들이 자신의 특성을 어떻게 다룰 것인지, 건설적으로 활용할 것인지, 그로 인해 고통스러워할 것인지도 사람마다 다르다고 할 수 있다.

# 과소평가된
# 독특한 기질

|

예민한 사람들은 보통 사람들보다 심리학에 더 관심이 많다. 그들은 자기 자신과 세계를 이해하고 싶어 한다. 일의 속사정을 알고 싶어 하고, 자신과 세계에 대해 질문할 준비가 되어 있다. 수많은 예민한 사람들이 타고난 특별한 지각 방식으로 인해 두 가지 길 중 하나를 선택할 수밖에 없다. 자신과 세계에 대해 더 괴로워하며 살거나, 태도를 바꾸어 의식적으로 살거나 두 가지 중 하나를 선택해야 한다.

## 예민한 사람들이 기여할 수 있는 것

예민한 사람들은 대부분 더 인간다운 세상을 만

들고 싶어 하며, 이를 위해 기꺼이 자신을 헌신할 준비가 되어 있다. 예민한 사람들이 사회에 기여하는 부분이 바로 이런 부분이다. 부당하거나 잘못된 일이 있으면 예민한 사람들이 가장 먼저 감지한다. 무엇이 잘못되었는지를 빠르게 깨닫는다. 또 인간성이 무시되는 경우, 그것을 제일 먼저 인식하는 사람들이기도 하다.

그러므로 예민한 사람들이 많은 노력을 기울여 정신적인 힘을 발휘하는 가운데 모종의 '노하우'를 습득하면 공적으로나 사적으로 긍정적인 영향력을 발휘할 수 있을 것이다. 하지만 내적, 외적 요구와 갈등에 휘말려 들어가지 않으려면 스스로의 정체성과 색깔을 분명히 해야 하고, 더 많은 내적 노력을 기울여야 한다.

이러한 내적 노력에 어려움이 따르겠지만, 그 결과는 매우 유익하다는 것을 명심해야 한다. 그 과정에서 의식이 성장하고 내적으로 풍요로워질 수 있기 때문이다. 예민한 사람들은 이러한 보물을 가지고 사회가 더 인간다워지는 데 중요한 기여를 할 수 있다. 다른 누구보다 예민한 사람들이 잘할 수 있다.

똑같이 숲속을 걸어도 예민한 사람은 더 많은 인상을 받고 사물이나 현상들 사이에서 더 많은 연관성을 감지한다. 콘서트나 박물관에서도 일반 관람객보다 높은 감수성으로 인해 더 많은 것을 경험하고 누리곤 한다. 특별한 외적 사건이 없는 일상에서도 예민한 사람들은 진한 경험을 할 수 있다. (그러기에 47쪽에 분류해놓은 특별한 유형이 아닌 예민한 사람들은 특별한 이벤트나 흥밋거리가 필요하지 않다.)

보통 사람들보다 자극을 더 많이, 더 강하게 받아들이는 예민한 사람들은 인생의 좋은 면, 나쁜 면을 가리지 않는다. 그래서 세상의 고통과 불의와 어려움에 더 민감하게 얽혀들어갈 수 있다. 세상의 고통을 보며 스스로도 굉장한 고통을 느끼게 되고, 이런 감정에 압도되어 세상을 살아갈 힘을 잃게 되기도 한다. 고통은 그들에게 그만큼 더 직격탄으로 작용한다.

예민하다고 해서 무조건 보통 사람들보다 더 '깊게' 느끼는 것은 아니다. 예민한 사람들 중에는 감정적으로 그다지 깊이 들어가지 않는 사람들도 있다. 하지만 그럼에도 그들은 받아들이는 자극이 너무 많아서 고통스럽다. 많은 자극을 소화하고 정보를 처리해야 하기 때문이다. 물론 예민함은 여러 가지 재능이나 특성과 다양하게 어우러져서(결합되어) 나타날 수 있다.

### 자극을 수용하는 방법의 차이

케이크를 자르는 방법이 여러 가지인 것처럼, 사람도 혈액형이나 눈 색깔, 키 등 여러 가지 기준으로 구분할 수 있다. 하지만 현대인이 점점 더 많은 자극과 정보에 노출되어 있는 만큼, 자극을 받아들이는 방식을 기준으로 사람을 분류해볼 수도 있을 것이다. 지각에 더 예민하고 민감한 사람들은 그렇지 않은 사람들보다 자극의 홍수에 휩쓸리기가 더 쉽다. 그러므로 예민한 사람인 경우 자극으로 인해 힘들어하거나, 나아가 완전히 무너지거나 좌절하고 싶지 않다면 특별한 방식으로 자극을 받아들이고, 처리하고, 건설적으로 취급하는 법을 배워야 한다.

### 학문의 사각지대

그렇다면 예민한 사람들은 왜 보통 사람과 다르게 매사를 지각할까? 왜 자극을 더 많이, 더 섬세하게 지각하는 사람이 있는 것인지 학문적으로 연구된 바는 아직 없다. 신경계가 더 섬세하기 때문일까? 두뇌에 수용체가 더 많은 것일까? 전달 물질을 더 많이 생산하는 것일까? 그렇다면 어떤 전달 물질을 더 많이 생산할까? 거울 신경 세포가 더 많아서 타인의 상황에 쉽게 감정이입을 할 수 있는 것일까? 어떤 원인으로 이런 특성이 생겨나는 것일까? 여러 가지 원인이 합쳐져서 이렇게 되는 것일까? 이 모든 질문들이 지속적인 학문적 연구를 통한 답변을 기다리고 있다! 정말 흥미로운 질문이 아닐 수 없다!

미국의 심리학자 일레인 N. 아론은 다른 사람들보다 예민한 사람들이 있다는 것을 발견하고, HSP<sub>Highly Sensitive Person</sub>라는 개념을 처음으로 창안했다. 아론이 이런 개념에 주목하게 된 계기는 심리 치료를 받으면서 한 동료에게서 "당신도 예민한 사람이군요."라는 말을 들었을 때였다. 그때 그녀는 뒤통수를 한 대 맞은 것 같았다고 한다. 그때까지 자신의 연구에서 예민함이라는 주제에 주목하지 못했던 것이다. 그 이후 그녀의 연구는 새로운 분야를 개척했다. 그녀는 1996년에 예민한 사람들을 위한 첫 책을 출간했다. 부제는 앞에서 말했듯이 예민한 사람들이 느끼는 생의 감정을 적확히 표현하는 "견디기 힘든 세상에서 보란 듯이 살아내는 법"이었다.

저명한 미국의 발달심리학자 제롬 케이건<sub>Jerome Kagan</sub>이 이끄는 팀은 최근에 어릴 적부터 드러나는 개인적인 특성들이 계속해서 변치 않는 것인지, 아니면 살아가면서 환경에 의해 변화할 수 있는 것인지 하는 질문에 천착했다. 그 결과, 타고난 기질은 일생 동안 변하지 않고 지속된다는 걸 학문적으로 증명할 수 있었다.

정의하기에 따라 수백 개의 서로 다른 기질이 있을 것이다. 그런데 케이건은 마침 자극에 대한 반응과 자극에 얼마나 깊은 인상을 받는가 하는 것을 기준으로 연구를 진행했고, 유아기·아동기·청소년기·청년기에 걸쳐 순차적으로 테스트를 한 실험 대상자들 가운데 약 20퍼센트가 자극에 매우 민감하게 반응한다는 것을 알아내었다. 케이건은 이런 그룹을 '고반응군high reactors'으로 분류하고, 실험 대상자의 약 40퍼센트가 속한 '저반응군low reactors' 그룹과 뚜렷이 구분했다.

케이건의 논문 〈기질적 가닥The Temperamental Thread〉에 예민함(민감성)이라는 개념이 직접적으로 등장하지는 않지만, 그럼에도 케이건은 자신의 장기 연구로 아론의 인식에 간접적이나마 학문적인 확인을 해준 셈이다. 케이건의 연구에서 나타나는 고반응군의 비율은 전체 인구 중 예민한 사람의 비율이 약 15~20퍼센트라고 보았던 아론의 진술과 일치한다. 또 고반응군에 속한 사람들을 대상으로 한 두뇌 연구에서 편도체와 전전두피질의 특이성이 확인되었다. 아론이 말하는 고민감성과 마찬가지로, 케이건이 주장하는 고반응성은 유전된다.

그러나 이런 현상에 대한 연구는 아직 충분히 이루어지지 않았다. '모든 인간은 동일하다'라는 기본 전제하에서 이루어지는 통계적 접근도 '예민한 사람들'에 대한 연구에 걸림돌로 작용했을 것이다. 학문은 모든 사람에게 통용되는 — 소위 모든 사람을 위한 — 결과들에 더 관심이 많으니 말이다.

일례로, 약물 연구에서는 보통 특정 연령대의 남성들을 상대로 테스트한 다음, 그 결과를 노인과 여성과 아동에게도 적용한다. 여성과 아동은 호르몬에서 남성과 매우 다른데도 불구하고 말이다. 그런데 여기에 민감한 사람이라는 그룹이 추가된다면, 연구는 얼마나 복잡해질 것인가! 예민한 사람들은 경험상 자신들이 처방받은 것보다 훨씬 더 적은 용량의 약으로도 효과를 본다는 것을 익히 알고 있는 것이다.

**심리학이 외면한 분야**

심리학 역시 보통 사람과 다르게 지각하는 사람들이 존재한다는 사실에 대해 지금까지 별달리 주목하지 않았다. 그러니 심리 치료사들이 예민한 사람들을 도울 수 없었던 것도 당연한 일이다.

---

**⌐ 예민한 사람들에 주목한 학자들**

에른스트 크레치머Ernst Kretschmer는 예외적인 인물이다. 그는 신경정신의학 및 신경학 교수로서 체질유형학 연구로 명성을 얻었으며 체격 유형과 특정 정신질환을 연관 지었는데, 1920년대에 자신의 저서 《의료 심리학Medizinische Psychologie》에서 예민한 사람들의 특성을 기술하고는 이들을 '민감한 반응 유형'이라 일컬은 바 있다.

그는 이런 유형에 대해 정서적으로 부드럽고 약하며, 상처받기 쉬우면서도 한편으로는 자의식이 강하고, 야심적이고 고집이 세다고 지적했다. 마음의 동요가 많아 마음고생이 심하며 이로 인해 늘 마음 깊은 곳에서 긴장하고 살며, 스스로를 섬세하게 관찰하고 비판하며, 윤리적으로 엄격하고, 박애주의적 태도를 가지고 있다고도 했다. 그러고는 예민한 사람들을 '겸손하고 수줍고 진지한 사람들'이라고 정의하면서 자부심과 공명심도 그 특성으로 꼽았다.

크레치머는 이런 고찰 끝에 오늘날의 시각으로 보면 너무나도 당연해 보이지만 당시로서는 시대를 한참 앞서간 결론을 내렸다. 바로 예민한 사람들이 가진 특질인 신중함, 책임감, 양심, 겸손, 배려 등이 직업 활동에서 아주 필요하고 중요하다는 것이었다.

---

  심리학에서 예민함에 대해 별달리 주목하지 않다 보니 심리 치료사들은 예민한 사람들의 자극 지각 방식 자체를 다루기보다는 이런 지각 방식으로 말미암은 눈에 보이는 결과들만을 다루는 경우가 많다. 대표적으로 수줍음, 소심함, 우울, 스트레스 취약성, 만성 질병 등이 그 대상이다. 대부분의 경우 지각 방식은 전혀 논의되지 않는다. 그로 인해 예민한 사람들이 부적합한 치료들을 받고서 오히려 치료의 부작용으로 우울증과 체념을 겪는 경우도 간혹 있다.

그러므로 예민한 사람들은 심리 치료를 받기 이전에 스스로 예민한 사람이라는 정체성을 분명히 하는 데 주의를 기울여야 한다. 간혹 내가 강연 중에 예민한 사람들의 특성을 일일이 묘사하노라면, 청중 가운데 크게 안도의 한숨을 쉬는 사람들이 있다. 이해받고 인정받는 느낌을 받기 때문이다. 그들은 자신과 같은 사람이 자기 혼자가 아니며, 자신처럼 세계를 경험하는 사람이 많이 있다는 것을 알게 된 것이다. 따라서 우리가 이상한 사람들이 아니라는 사실! 다만 예민함을 이상하게 여기지 않고 건설적으로 다루는 방법을 그전에는 아무도 알려주지 않았을 뿐이다.

# 재능과
# 결점 사이

|

단언하건대 예민함은 재능이다. 하지만 이 말만
으로는 예민함이란 기질을 가진 사람들이 자신
의 기질을 재능으로 보고, 건설적으로 활용하는
데 무리가 있다.

　보통 사람보다 더 민감한 지각 능력을 가진
사람은 사실 삶 속에서 더 많은 기쁨과 행복과
내적 풍요를 경험할 수 있다. 뿐만 아니라 예민
함은 외적인 성공에도 긍정적인 영향을 미칠 수
있다. 모든 삶의 영역에서 예민함은 그 자신과
주변 사람들에게 유익을 줄 수 있다.

　예민한 팀장은 팀원들에게 어느 정도의 스
트레스를 주어야 적절한지를 정확히 지각할 수

있고, 예민한 판매원은 고객들이 무엇을 원하는지 정확히 감지할 수 있다. 기술이 어떤 방향으로 발전할 것인지를 예감하는 엔지니어, 고장의 원인을 정확히 감지해내는 기술자, 화가가 지닌 잠재력을 발견하고 그림을 일찌감치 사들이는 화랑 운영자, 어떤 운동이 자신에게 득이 되고 해가 되는지를 정확히 감지하는 운동선수도 있을 것이다. 어느 정도까지 아이를 돕는 것이 좋으며, 언제부터 도움이 오히려 과보호로 작용해 약하고 의존적인 아이로 만드는지 정확히 판단하는 엄마도 있을 것이다. 이들 모두가 예민한 사람들이다.

하지만 예민한 사람들 중에는 타인의 필요가 너무 피부로 와닿다 보니, 자신의 필요를 간과해버리고, 스스로를 돌보지 못함으로써 늘 손해만 보고 불만족스럽게 사는 사람들도 있다. 무조건 갈등을 피하려다 보니 자신의 입장을 제때 깨달아 대변할 수 없고, 그러고 나서 뒤늦게 다른 사람들과 갈등을 빚게 되는 사람들도 있다. 자신에게 요구한 것보다 더 많이 노력하려다 좌절하는 사람들, 다른 사람들의 문제를 스스로 떠맡고 나서는 자신의 일은 제대로 챙기지 못하는 사람들도 있고, 늘 걸림돌이 되는 것만 주시하고 다른 모든 가능성을 뒷전으로 돌려버리는 사람들도 있다. 이 또한 예민한 사람들이 빠지기 쉬운 함정이다.

예민하고 감수성이 높은 사람은 늘 남을 배려하고 고상하고 선하기만 할까? 지금까지의 문헌에 등장하는 예민한 사람들은 거의 부드럽고 고상한 이미지로만 다루어졌다. 예민한 사람들이 가진 어두운 면은 거의 부각되지 않았다. 하지만 반쪽짜리 진실은 그 누구에게도 도움이 되지 않는다. 하물며 예민한 사람 당사자들에게는 정말로 도움이 되지 않는다. 예민한 사람들은 본질적으로 한 가지 선택을 해야 한다. 지각으로 말미암아 적잖이 괴로워하고 고통받으며 사는 것, 또는 자신의 재능을 의식하고 건설적으로 다루는 법을 배우는 것, 둘 중에 선택해야 하는 것이다.

**예민함: 삶에 주어진 재능**

예민한 사람들은 스스로를 아웃사이더처럼 생각하는 경향이 있지만, 사실 예민한 사람은 생각보다 훨씬 많다. 전체 인구의 15~20퍼센트가 그에 속한다.

따라서 예민함은 흔한 특성이다. 그런데도 왜 예민한 사람들은 거의 눈에 띄지 않고, 스스로를 외톨이처럼 여기는 것일까? 대부분의 예민한 사람들이 주변에 적응하고 자신의 본질을 부인하는 것을 배웠기 때문일 것이다. 과민 반응을 보이게 되는 경우처럼 예민함이 방해가 될 때, 예민한 사람들은 주변과 마찰을 빚게 된다. 반대로 배려와 공감으로 다른 사람에게 맞춰주는 예민한 사람들은 매우 환영을 받는다. 하지만 이런 경우에도 예민한 사람들은 소극적이고 겸손한 태도를 보이는 바람에 거의 눈에 띄지 않는다.

예민함이 서구 문화권에서만 나타나는 특이한 현상인지 의심할 수도 있다. 하지만 예민한 사람들은 문화권을 초월해서 존재한다. 시대나 문화권마다 이런 특성을 평가하고 취급하는 방식이 다를 뿐이다. 예민한 사람들을 특별히 높게 평가하는 문화도 있고, 평균적인 성향에 맞추어야 하는 압박이 거센 문화도 있다. 가령 청년에게 "가죽처럼 질기고, 강철처럼 단단하고, 그레이하운드처럼 날쌜 것"을 요구하는 시대에는 예민한 성향이 매우 억압받았을 것이다.

예민한 기질은 인간뿐 아니라 동물계에서도 발견된다. 동물의 무리에서 매우 예민한 동물이 몇 마리가 있으면 전체 무리의 생존에 매우 도움이 된다. 예민한 동물이 위험을 가장 먼저 감지하고 다른 동물에게 경고하기 때문이다. 무리 짓지 않고 독립적인 생활을 하는 동물조차 예민함은 생존에 유익을 제공한다. 예민한 동물은 먹이를 놓고 싸우지 않고, 스스로 물러나 피하는 쪽을 선택하기 때문이다. 많은 예민한 사람들이 부담스러워하는 특성, 즉 차별화된 지각과 포괄적인 지각이 바로 예민한 동물들에게 생존의 유익을 제공한다.

## 유전: 유전자와 환경의 상호작용

일레인 N. 아론은 기본적으로 예민함이 유전되며, 어린 시절에 얼마나 안정감 있는 환경에서 세계를 알아갔는지가 예민함에 영향을 미칠 수 있다고 보았다. 막 세상으로 걸음마를 뗀 자녀에게 부모가 안정감을 선사할 수 있었는가? 아니면 믿을 만한 뒷받침이 부족했는가? 아이가 약간의 독립성을 원할 때 이해받지 못하고 제지당하기만 했는가? 심지어 두려움을 불러일으키는 분위기였는가?

이런 요인들이 예민해질 것인가, 무던해질 것인가에 분명히 작용을 한다. 유전에도 유전자를 통한 유전도 있고, 다른 종류의 유전도 있다. 부모가 예민한 경우, 예민함에 대한 입장과 예민함으로 인한 문제들을 자녀들에게 고스란히 대물림할 수도 있다. 특히 예민함이 인생에서 불익으로 작용할 것인지, 유익으로 작용할 것인지 하는 문제에는 예민한 부모들의 책임이 크다.

예민한 부모들이 자신들의 특성을 그 자체로 받아들이는가, 아니면 거부하는가? 부모들이 아이의 예민함의 싹을 잘라버리려고 하는가? 또는 스스로 자신의 예민함을 제대로 조절하지 못하고 아이를 과잉보호하는가? 부모가 자신의 지각과 자신의 한계를 어떻게 다루는가? 자신이 가진 재능을 어떻게 발휘하는가? 자녀는 이 모든 것에 영향을 받는다.

예민함이 어느 정도로 생물학적으로 유전되고, 어느 정도로 사회적인 요인의 영향을 받는가 하는 질문에는 결코 명확한 답을 할 수 없다. 사실 이런 질문들 자체가 너무 피상적인 질문이다. 후성 유전학은 오래전에 이미 유전자의 상호작용과 외적 요인들이 중요하다는 것을 인식했다. 환경적 요인들이 다양한 유전자를 활성화시킬 수도 있고 비활성화시킬 수도 있다는 것을 말이다!

# 나의 예민함
# 자가 진단법

|

**다음 문장이 당신에게 해당되는가?**

☐ 붐비는 시내에서 쇼핑을 할 때 다른 사람보다 더 많이 스트레스를 받는다.

☐ 영화나 텔레비전에서 등장하는 폭력 장면에 다른 사람들보다 더 강한 인상을 받는다.

☐ 사회의 불의를 보거나 들으면 마치 자신이 당한 것처럼 분노가 치민다.

☐ 다른 사람들보다 겁이 많다.

☐ 새로운 쇼핑센터 같은 곳에 들어가면 온갖 자극에 압도당하는 느낌이 든다. 정신을 차리고 방향을 잡기까지 다른 사람들보다 더 오래 걸린다.

☐ 소음에 민감한 편이다. 시끄러운 소리가 거의 신체적 불쾌감으로까지 느껴진다.

☐ 여행하는 걸 다른 사람보다 더 힘들어한다.

☐ 사람을 만난 뒤 진이 빠지는 느낌이 들 때가 있다.

☐ 다른 사람 혹은 자신이 내뱉은 사소한 말 때문에 계속 신경 쓰일 때가 종종 있다.

☐ 때로 상대가 내뱉지 않은 말까지도 들은 것 같은 기분이 든다.

☐ 게을리했거나 충분히 잘해내지 못한 일에 신경이 쓰일 때가 많다.

☐ 다른 사람들을 보기만 해도 그들의 상태가 짐작된다.

☐ 다른 사람들보다 더 많이 혹은 다른 것을 감지하기 때문에 종종 오해받는 느낌이다. 그래서 때로 외롭다.

☐ 사람이 많은 곳은 가능하면 피하고 싶다.

☐ 어릴 적에 선생님이 동급생을 야단치면 상당히 무서워했다. 자신과는 아무 상관없는 일인데도 마치 자신이 야단맞는 기분이었다.

☐ 갈등과 다툼이 있으면 나와는 전혀 무관한 일이라 해도 거의 신체적인 불쾌감을 느낄 정도로 스트레스를 받는다.

☐ 다른 사람들의 분위기에 불필요하게 휘둘린다.

☐ 불안하면 굉장히 예민해지고, 어쩔 줄 모르며 스트레스가

심해져서 신체적, 감정적 반응들이 나타난다.

☐ 평소 홀로 조용히 보내는 시간이 많이 필요한 편이다.

☐ 화목한 것이 중요하다. 그렇지 않으면 잘 견디지 못한다.

☐ 갈등 상황을 되도록 피하는 편이다. 자신의 주장을 내세우고 싶을 때도 나중에 속으로 화를 낼 뿐, 겉으로는 드러내지 못하고 그냥 물러날 때가 많다.

☐ 타인의 권리나 사회 공공의 요구를 나 자신의 관심사보다 더 우선시하는 편이다.

☐ 주변 사람에게 문제가 생기면 공감하며 잘 들어주고, 그에게 다시금 힘을 북돋워주는 편이다.

ㄴ **해설**

위의 23개 항목 중 절반 이상에 해당된다면, 예민한 사람이라고 봐야 한다(현재 굉장한 스트레스 상황에 있지 않다면 말이다. 스트레스 상황에 있는 경우라면 예민한 사람이 아니라도 예외적으로 예민한 사람처럼 반응할 수 있다).

테스트해본 다음 "과거에는 어땠지? 어릴 적에는 어땠지?"라고 자문하라. 그리고 나서 어린 시절 혹은 과거의 시각에서 다시 한 번 항목을 죽 훑으라. 그런데도 지금과 비슷한 결과가 나왔거나, 12개 이상의 항목에 체크를 했다면, 예민한 사람이 확실하다.

# 우리 아이의
# 예민함 진단법

|

**다음 문장이 당신의 아이에게 해당되는가?**

☐ 아이가 커다란 소음이나 소리에 강한 거부감
을 보인다.

☐ 긴장을 해소하고, 화목한 분위기를 위해 노력
한다.

☐ 다른 사람들이 슬프거나 아플 때 공감하며,
자발적으로 다른 사람들을 배려한다.

☐ 조용한 놀이를 좋아하는 편이다(화가 나면 간
혹 시끄러워질 수도 있다).

☐ 부모가 말하지 않고 숨기려 할지라도, 부모 사
이에 긴장이 있으면 단박에 그것을 감지한다.

☐ 외부의 자극에 빠르게 겁을 먹거나 피곤해한

다. 그러고 나서 뒤로 물러나 홀로 있는 시간을 원한다.

☐ 작은 것이 바뀌었는데도 스스로 알아챈다.

☐ 다른 아이들이 재미를 느끼는 회전목마를 두려워하며 물러선다.

☐ 혼자 노는 걸 좋아한다. 놀이에 집중하고 몰두한다.

☐ 새로운 것에 접근하거나 새로운 시도를 할 때 약간 소극적이다. 안전한 거리를 두고 오랫동안 관찰한 다음에, 새로운 것에 다가간다.

☐ 다른 아이나 어른을 처음 만나는 경우, 흥미를 보이는 동시에 수줍어한다.

☐ 경쟁하는 걸 별로 좋아하지 않으며, 경쟁에서도 별로 두각을 나타내지 못한다. 이기고 지배하는 것에 큰 비중을 두지 않는다.

☐ 일찍부터 자신에게 높은 요구를 제기하고, 노력의 결과가 생각만큼 완벽하지 않음을 확인하면 괴로워한다. 그런 순간에는 화를 내고 소리를 지른다.

☐ 다른 아이들에 비해 조용하고 차분한 편이다. 과민해지거나 화가 난 순간은 예외다.

☐ 정의와 조화를 사랑한다. 초콜릿과 쿠키를 주변 사람과 나누어 먹고 모두에게 돌아갈 수 있도록 신경을 쓴다. 다른 사람이 부당한 일을 당하면, 자신이 당한 것처럼 느낀다.

그럴 때면 더 커다란 아이들에게도 용감하게 덤빌 수 있다.

☐ 한두 명의 놀이 친구와만 집중적으로 친하게 지내는 경우가 많다. 더 커다란 그룹에서는 소극적이거나 심지어 거부적인 태도를 보인다.

　└ **해설**

위의 항목 중 절반인 8개 이상에 체크를 했다면 당신의 아이는 예민한 아이일 수 있다. 하지만 부모와의 관계나 현재의 상황이 테스트 결과에 영향을 미칠 수 있다. 이 테스트는 일반적인 것으로, 아이의 연령이 정확히 고려되지 않았다는 점도 염두에 두어야 한다.

**민감성: 후천적으로 획득한 예민함**

예민함은 유전자와 사회적 요인들이 상호작용해서 만들어지는 재능이자 특성이다. 이미 어린 시절에 뚜렷이 나타난다. 종종 삶의 상황과 맞물려 그런 특성이 더 굳어지기도 한다. 하지만 후천적으로 생겨날 수도 있다. 이런 종류의 민감성은 트라우마나 신체적 질병, 중금속이나 목재 부식 방지제 등 유독한 물질에 대한 취약성에서 비롯될 수 있다.

　신체에 염증과 같은 부담이 있는 사람은 늘 굉장한 스트레스 가운데 살아간다. 그의 면역계는 지속적으로 방어전을 펼치고 있으므로, 신경계 또한 추가적인 모든 도전에 극도의 경계 태세를 취한다. 그러면 추가적으로 주어지는 모든 자극이 스트레스를 야기할 수 있다. 이렇듯 과민함의 원인을 찾다가 비로소 숨겨진 신체적인 원인을 알게 되는 경우도 있다. 가령 갑상선 기능 장애가 있는 경우 선천적으로 예민한 사람이 아닌데도, 굉장히 예민한 사람처럼 행동하고, 빠르게 신경과민을 느낀다. 무기력과 과민 사이를 이리저리 왔다 갔다 하는 경우도 종종 있다.

—

**질케(가정세움센터 직원)** "저는 한때 정말 예민한 사람으로 변신했던 적이 있어요. 당시 제가 왜 그러는지 저 스스로 의아했어요. 조금만 불편하거나 걸리적거리는 게 있으면 마구 히스테리를 부렸죠. 남편이나 아이들을 공격하고요. 그 순간이 지나면 내가 가족들에게 못되게 굴었다는 사실이 괴로워서, 속으로 스스로를 몹시 비난하곤 했어요. 정말 견딜 수가 없었죠. 조금만 시끄러운 소리가 나도 머리가 쿵쿵 울리는 듯했고, 자동차들이 제 몸을 통과해서 지나다니는 것 같았어요. 그러던 중 친구가 치과에 가보라고 강력하게 권했어요. 대체 의학도 적극적으로 활용하는 치과였는데, 그곳에서 저는 잇몸 고름과 염증 치료를 받았고, 독을 배출했어요. 그러고 나서 저는 다시금 예전의 저로 돌아왔죠!"

—

갑자기 찾아온 예민함으로 인해 여러 가지로 힘들다면, 의사의 진찰을 받아보고 대체의학도 적극적으로 시도해보는 것이 좋다. 가령 아말감 충전 등 의료적 처치의 부작용으로 민감성이 생길 수도 있기 때문이다. 트라우마의 결과로 후천적 민감성이 생길 수도 있다. 교통사고, 성폭행, 강도 침입 등을 겪고 나면 세상은 더 이상 이전과 같지 않다. 트라우마를 겪은 사람들은 지각 패턴이 이전과 달라질 수 있다. 그런 사건을 당한 사람들에게 세상은 언제든 각종 사고가 반복될 수 있는 위험한 세상으로 다가오며, 이런 일을 다시 당하지 않도록 외부를 향해 바짝 주의를 곤두세울 수밖에 없다. 그렇게 그들의 신경계는 지속적인 알람 상태에 있다.

이렇듯 후천적 민감성은 세월이 흐르면서 생겨나는 것이다. 그것은 당사자의 본성이 아니라 획득한 반응 양식이다. 따라서 획득된 민감성의 경우에는 섬세하고 포괄적인 지각이 전혀 긍정적인 역할을 하지 못한다. 이런 경우 민감성은 스스로를 보호하고 방어하는 데 기여할 뿐이다. 그리고 후천적으로 획득된 민감성은 삶의 특정 부분이나 상황에만 국한되어

발휘되는 경우가 많다. 하지만 어떤 경우는 타고난 예민함에
더하여 획득된 민감성이 추가될 수도 있다. 이런 경우 상호
증폭되는 현상이 나타나, 민감성과 그로 인한 고통을 더 강화
시킬 수도 있다.

# 고도로 예민하고
# 외향적인 사람들

|

자가 진단에서 예민한 사람으로 나왔지만, 겉보기에 예민한 사람 같지 않은 면을 가지고 있는 사람도 있다. 내 친구 미하엘도 그렇다. 그는 평소 예민하게 지내다가도 갑자기 180도 다른 사람처럼 행동하곤 한다. 예민하고 주저하는 태도에서 모험심이 강한 태도로 내면의 스위치를 바꾸기라도 하듯 말이다.

그럴 때면 미하엘은 기분 전환을 필요로 한다. 그에 못지않게 예민한 그의 아내는 이를 '킥kick' 이라고 부른다(그의 아내는 때로 이런 현상을 걱정스럽게 생각하고, 때로는 좋아한다. 이로 인해 미하엘과 함께 생활하는 것이 전혀 지루하지 않기 때문이

1장   나는 예민한 사람입니다

다). 독자들 중 자신에게 이런 두 가지 면이 공존하는 것을 느끼는 사람이 있다면, 미하엘처럼 예민한 사람들 중 특수한 타입에 속하는 것인지도 모른다.

일반적으로 모든 예민한 사람들은 자극의 과잉과 자극의 부족 사이에서 계속 스스로를 조절해야 하는 과제를 안고 있다. 예민한 사람들의 경우 예민하지 않은 사람들보다 과잉 자극과 과소 자극 사이의 격차가 대부분 더 적다. 그러나 예민한 사람들 중 소수는 이 격차가 지나치게 크다. 이런 사람들이 바로 센세이션을 추구하는 예민한 사람들이다. 이 사람들의 경우 아주 적은 자극만을 견디면서 전형적으로 예민하게 행동하는 시기와, 강한 자극과 커다란 도전을 추구하며 위험을 무릅쓰는 시기들을 오간다. 또한 이렇듯 센세이션을 추구하는 시기에는 시합이나 경쟁을 즐긴다. 원래 예민한 사람들은 이런 걸 별로 좋아하지 않는데 말이다.

센세이션을 추구하는 예민한 사람들은 종종 스스로를 이해하지 못하며, 주변 사람들도 그들의 모순적인 행동에 혼란스러워한다. 그도 그럴 것이 그들은 '사람은 이러저러해야 한다'는 세간의 고정관념에 부합하지 않기 때문이다. '킥 유형의 사람들' 역시 이런 고정관념을 스스로에게도 적용해서 자신이 가진 두 부분 중 한 부분을 억압하는 경우가 있다. 하지만 알고 보면 두 가지 면 모두 그들에게 속하는 것이다. 예민한 동시에 모험을 좋아하는 사람들, '킥 유형의 사람들'은 그런 사람들이다.

센세이션을 추구하는 성향도 예민한 성향처럼 유전된다. 모험을 좋아하고 경쟁을 좋아하는 소질도, 도전과 시합에 대한 흥미도, 모든 것을 걸고 스릴을 즐기는 성향도 유전된다. 서로 다른 성향들은 서로 독립적으로 유전되기 때문에, 언뜻 상반되는 것처럼 보이는 특성들이 한 사람 안에 동시에 나타나는 것도 가능하다.

센세이션을 추구하는 예민한 사람들은 '예민한 면모'로 있다가 갑작스럽게 '모험적인 면모'로 전환될 수 있다. 이처럼 겉보기에 상반되어 보이는 성향을 (그런 재능이 중요한 역할을 할 수 있는) 다양한 삶의 영역과 연결시키면, 이런 특성을 가지고 좀 더 수월하게 살아갈 수 있을 것이다.

# 예민함과 외향성
## 자가 진단법

|

**다음 항목이 당신에게 해당되는가?**

☐ 때로 나는 '킥'을 필요로 한다. 슬슬 어떤 기운이 목까지 차오르면 나는 익숙한 것을 박차고 나가야 한다.

☐ 때로 내가 나를 알 수 없을 때가 있다. 방금까지는 민감하고 소극적인 태도로 있다가 갑자기 투쟁도 마다하지 않는 상태가 된다.

☐ 나는 아주 얌전하고 고분고분한 태도로 있거나 아니면 선동하거나 둘 중 하나다.

☐ 내 안에 두 개의 서로 대립된 영혼이 깃들어 있는 듯한 느낌이다. 나는 어느 때는 이쪽을 거부하고, 어느 때는 저쪽을 거부한다.

☐ 때로 나는 어떤 일을 해내고 나서, 내가 어떻게 그렇게 다른 모습으로 임할 수 있었는지 뒤늦게 놀라곤 한다.

☐ 나는 일종의 이중생활을 영위한다. 겉으로는 시원시원한 타입인데, 속으로는 소심한 나를 경험한다.

이런 항목이 자신에게 해당된다면, 당신은 예민한 동시에 센세이션을 추구하는 사람일 수도 있다. 당신이 스스로를 꽤나 모순적으로 경험할 때가 자주 있는지를 생각해보라. 하지만 센세이션을 추구하는 성향과 예민한 성향을 동시에 가진 사람과 그냥 예민하기만 한 사람을 구별하기가 쉽지 않다.

우선, 예민한 사람 중에는 '과잉 부담'과 '과소 부담' 사이를 왔다 갔다 하며 갈등하는 사람들이 많기 때문이다. 무리해서라도 잘하고자 하는 면과 그냥 다 놓고 싶은 면이 교차할 수 있다. 그래서 종종 무엇을 할 수 있고, 무엇을 할 수 없을지를 잘 판단하지 못하며, 이런 내적 갈등 속에 살다 보니 예민한 것과 모험을 좋아하는 것이 공존하는 듯한 인상을 줄 때가 있다.

또 한 가지 이유는 대부분의 예민한 사람들은 한 번씩 자신의 한계를 넘어설 때면 평소와는 다른 행동을 보이기 때문이다. 그럴 때면 평소에 소극적이었던 사람이 아주 대담해지기도 하고, 평소에 눈에 띄지 않고 안전한 것을 지향하던 사람이 모험을 감행하기도 한다. 평소 화목을 중시했던 사람이 갑자기 공격적인 태도로 다른 사람들을 공격할 수도 있다.

그냥 예민한 사람과 예민한 동시에 센세이션을 추구하는 사람을 구분하기 어렵게 만드는 또 한 가지 이유는 스트레스가 극으로 치닫는 상황에서는 대부분의 예민한 사람들이 자기 자신도 놀랄 정도로 대담하고 침착하게 행동하기 때문이다.

### 예민한 동시에 모험을 좋아하는 성향을 어떻게 다룰까

센세이션을 추구하는 성향이 있는 사람은 스포츠를 취미로 하면 좋을 것이다. 내 세미나에 참가하는 안나도 매우 예민한 사람인데, 익스트림 스포츠를 즐기고 있었다. 봅슬레이를 통해 '킥'을 경험하고, 센세이션을 추구하는 자신의 성향을 만족시키고 있었던 것이다. 무역협회 변호사인 안나는 자신의 예민한 성향을 직업에서도 십분 활용할 수 있다.

안나처럼 예민한 동시에 센세이션을 추구하는 자신의 모순적인 성향을 유익하게 작용시킬 수 있는 쪽으로 직업을 선택하면 더욱 좋을 것이다. 가령 내 친구 베른트는 예술에 조예가 깊으며 주변 사람들의 말을 잘 경청하고 자녀들의 마음도 잘 헤아릴 줄 안다. 회사의 국내 부서에서 일하던 그는 이제 국제적인 업무를 맡아 거의 매주 해외 출장을 다니며 다양한 장소에서 협상을 진행하고 있다. 그리고 그는 그 일을 하면서 비로소 인생의 전성기를 만끽하게 되었다. 비행기를 타고 여러 나라를 날아다니는 일은 베른트 안의 센세이션을 추구하는 성향을 만족시켜주었고, 정체되었던 스트레스를 날려주었다. 동시에 자신의 예민함을 십분 발휘해 협상에서 유리한 결과를 끌어내고 있다.

예민함과 센세이션을 추구하는 성향을 동시에 가진 사람들 중에서 평소에는 단조롭게 일을 하다가 휴가를 맞아 자신의 모험심을 극도로 펼치고는 결국 병을 얻은 채로 돌아와 일단은 좀 휴식을 취해야 하는 사람들도 있다. 휴가의 마지막에 예민한 면이 다시금 살아나는 것이다!

상당히 예민한 성향에 센세이션 추구 성향을 함께 가지고 있는 마누엘라는 평생 이리저리 옮겨 다니며 이 직업 저 직업을 전전하며 살았다. 자신의 고향인 슈바비센의 소도시에서 그리 힘들지 않은 일을 하거나 실업 상태로 지내다가, 즉흥적으로 외국으로(한 번은 이 나라, 한 번은 저 나라) 떠나서 다양한 직업을 전전하며 스스로를 실존적 극한의 상황으로 몰아넣었고, 그렇게 외국에서 생활하다가 몸이 안 좋아지면 다시 고향으로 돌아오는 식이었다.

중요한 것은 예민한 동시에 센세이션을 추구하는 성향을 가진 사람들이 자신의 정체성을 명확히 파악하고, 자신에게 두 가지 면이 있음을 지각하고 존중하며 그것을 기꺼이 펼쳐

나가는 삶을 사는 것이다. 이런 사람들 중 남자들의 경우에는 예민하고 소심한 면을 아예 억압하고 간과해버리는 경향이 있다. 그렇게 오랜 세월을 보내고 나면 종종 질병이 생기거나 원인 모를 고통을 겪게 된다. 이것은 종종 억압되어온 예민한 성향이 자꾸 살아날 수밖에 없기 때문이다.

나는 남보다
디테일한 감각을
가졌습니다

재능을 숨기게 만드는
고정관념들

감수성이 높고 예민한 성향은 사실 굉장한 재능이다. 높은 감수성 덕분에 더 많은 것을 볼 수 있고, 일상의 변화에 굉장히 민감하다. 위협을 더 빨리 감지하고 피할 수도 있다. 그러므로 예민하고 감수성이 높은 것이 결코 인생에 괴로움으로만 작용하는 것은 아니다. 예민한 사람들 중 어떤 사람들은 자신의 성향을 삶을 힘들게 하는 요인으로 경험하는 반면, 어떤 사람들은 이런 성향이 가진 장점을 이용하고 누린다.

예민하고 감수성이 높은 아이가 불행한 인간으로 자라는 것은 어떤 요인 때문일까? 이런 달갑지 않은 전개 과정에서 예민한 사람 스스로 어떤 영향을 미치는 것일까? 이런 요인들과 메커니즘을 깨닫고 이해할 수 있다면 다음과 같은 질문으로 나아갈 수 있을 것이다.

이런 요인을 어떻게 피할 수 있을까? 어떻게 전개 방향을 바꿀 수 있을까? 뒤늦게 깨달았다 해도 어떻게 만회할 수 있을까? 내적으로 더 행복하고, 외적으로 더 성공적인 삶을 살려면 자신의 성향을 어떻게 다루어야 할까?

예민한 아이가 있다고 가정해보자. 이 아이는 더 많은 자극을 받아들이는 성향을 가지고 있다. 다른 아이들보다 더 섬세하고 차별되고 예리한 지각의 소유자다. 이런 성향은 보물과 같은 재능이다. 그러나 예민함이라는 재능에서 유익을 얻기 위해서는 자신의 보물을 다루는 법을 배워야 한다.

보물을 다루는 방법을 배운 예민한 아이는 훗날 사회에 유익한 영향을 끼칠 수 있고, 자신의 삶뿐 아니라 다른 사람의 삶도 풍요롭게 할 수 있다. 물론 이 모든 것이 쉽게 되면 참 좋겠지만, 예민한 아이는 자라면서 이런 말을 듣는다. "그렇게 유별나게 좀 굴지 마!" "넌 늘 뭐가 그리 걸리는 게 많냐?" "보이는 것도 많고, 들리는 것도 많고, 신경 쓸 것도 많고…."

예민한 사람들은 살아가면서 이런 말을 굉장히 많이 들었을 것이다. "그렇게 예민하게 좀 굴지 마!" 나는 어른이 되어서도 가족 모임 같은 데서 이런 말을 듣곤 했다. 그래서 그 자리를 박차고 나가고 싶을 때도 많았다. 하지만 지금은 다르게 행동할 수 있다. 내가 상대방과 어떤 수준에서 만나고, 그에게 얼마나 마음을 열 것인지를 의식적으로 조절할 수 있기에, 상대방이 내게 상처를 줄 기회를 만들지 않을 수 있는 것이다. 나는 이제 나 스스로에게 주의를 기울인다. 나의 예민한 성향은 이런 면에 많은 도움이 된다.

# 내 안에서
## 일어나고 있는 전쟁

|

"그렇게 유별나게 좀 굴지 마!"와 같은 말은 예민한 아이에게 매우 상처가 된다. 이것은 파란 눈을 가진 사람에게 넌 왜 파란 눈을 가지고 있냐고, 파란 눈을 가지고 있는 건 잘못된 일이라고 말하는 것이나 마찬가지다. 피부가 희거나 검은 사람에게 그런 피부색을 가지고 있어서 정말 유감이라고 말하는 것과 마찬가지인 것이다. 그것은 한 인간이 지닌 중요한 본성에 대한 공격이다.

예민한 아이들은 이런 말을 들으면 자신의 지각에 뭔가 문제가 있는 게 확실하다는 결론을 내린다. 그것 때문에 자꾸 부딪히고 힘들어지기 때문이다. 그래서 아이는 자신의 지각과의 싸움을 시작한다. 이것은 자기 자신과의 싸움이다. 우리는 눈이나 피부의 색깔을 바꾸거나 숨길 수 없다. 하지만 예민함은 억누를 수 있다. 예민함을 무시하고, 다른 사람들이 좋아하는 것에 맞출 수 있다. 그래야 다른 사람에게 용납되고 사랑받으며 무리 속에 낄 수 있다는 것을 알기 때문이다.

또한 예민한 사람들은 다른 사람이 하는 말, 생각, 기대에 민감하다. 다른 사람의 입장에 강하게 감정이입을 할 수 있다. 주변 사람들이 무엇을 좋아하고, 무엇을 싫어하며, 무엇을 용납하고, 무엇을 거부할 것인지 잘 감지한다. 이런 섬세한 감수성은 예민한 사람들을 적응의 귀재로 만들어준다. 그래서 예민한 사람 중에는 어릴 적에 자신이 상대방의 색깔을 어느 정도 받아들여 상대의 색깔로 살았다고 말하는 사람들이 많다. 상대에게 감정이입을 하여 상대의 입장으로 생각하고, 세계를 상대의 눈으로 지각했다고 말이다.

그들은 그렇게 하는 걸 당연하게 여겼다. 그러는 가운데 스스로를 잃어버리기 시작했다.


### 1단계: 신체의 지각을 무시하기

예민한 아이는 가장 먼저 자신의 신체를 더 이상 지각하지 않는 연습을 한다. 신체의 지각이 자신에게 자꾸 걸림돌로 작용하면, 그냥 신체를 지각하지 않는 것이 낫기 때문이다. 또 예민한 아이는 부모의 반응에 굉장히 민감하다. 부모가 느끼는 혼란스러움, 불쾌함, 귀찮음, 의심, 거부 등의 모든 낌새를 알아챈다.

아이에게 부모의 이해와 공감은 너무나 중요하다. 예민한 아이에겐 그 어떤 말보다 섬세하게 느껴지는 이해와 공감이 필요하다. 부모의 이해와 공감은 아이에게 소속감을 느끼게 해주고, 잘하고 있다는 느낌, 환영받는다는 느낌을 불러일으킨다. 부모의 이해와 공감이 부족하면 아이는 정말로 기가 죽는다. 든든한 지원군을 상실한 것 같은 느낌, 뭔가 잘못하고 있다는 느낌, 스스로 무가치하다는 느낌을 받게 된다. 그런데 자신의 예민한 지각이 부모의 이해와 공감을 방해할 수 있다니! 아이는 당혹감을 느낄 것이다.

따라서 아이는 자신의 신체와 신체의 지각을 믿으면 안 되겠다고 생각하고는 부모의 사랑과 인정을 받고 안정감과 소속감을 느끼기 위해 자신의 신체의 지각을 희생시키기 시작한다. 그 결과 신체를 굉장히 무가치한 것으로 여기게 된다. 정신과 영혼에 딸린 귀찮은 부속품이자 생명 활동을 진행하는 기계에 불과한 것으로 느끼는 것이다. 그리하여 신체의 저항을 억압하거나 극복하는 것을 중요하게 생각한다.

주변 사람들에게 맞추어야 할 것 같은 압력은 또래 친구들과 어울리면서 더 강해진다. 놀이터에서는 학년이 더 높고, 더 힘이 세고, 활발한 아이들이 분위기를 좌우하며, 무리 속에 끼어서 함께 놀고 싶으면 그 아이들의 기준에 맞추어 행동해야 한다. 예민한 아이는 여기서 자신이 어떻게 행동해야 할지를 정확히 느낀다. 놀이터에서 살아남을 수 있게 행동하는 것은 정말 유혹적인 일이다. 예민한 아이는 자신이 왕따를 당하지 않는다 해도 따돌림을 당하는 아이가 어떤 기분일지 잘 감지할 수 있기 때문이다.

그래서 아이는 자신의 신체를 무시하기 시작한다. 신체는 이제 더 이상 긍정적인 것으로 인지되지 않으며, 신체적인 불균형과 신체적 필요, 다가올 질병이나 스트레스, 자신의 신체적 한계도 인지할 수 없게 된다. 신체는 더 이상 컨디션 센서로서의 기능을 잃어버린다. 그러면 신체는 나중에 눈에 띄는 신체적 이상을 드러내며 자신에 대한 주목을 만회하고자 한다. 하지만 그때가 되면 작은 수정이나 보완으로는 이미 때가 늦어진다. 신체는 이제 더 이상 무시할 수 없는 증상이나 통증의 근원이 되고, 지리한 병력이 시작되는 것이다.

## 2단계: 자신의 관찰을 무시하기

예민한 아이는 지각이 굉장히 섬세하다 보니 이중의 메시지나 숨은 메시지를 한결 더 잘 감지한다. 배경을 짐작할 수 있고, 하지 않은 말까지 들을 수 있다. 이런 메시지는 종종 겉으로 드러나는 말과 모순될 수도 있다. 예민한 아이들은 이런 모순으로 인해 스트레스를 받게 된다. 예민한 어른들도 마찬가지다. 논리적이고 이성적인 사고로는 모순적인 상황들을 용납하기 어렵기 때문이다. 어떤 일은 이것, 아니면 저것이어야 하며, 모순 따위는 없어야 한다.

예민한 아이는 사람과 상황의 모순성을 지각한다. 하지만 그의 지각은 보통 사람들에게 이해받지 못한다. 어른들은 아이가 왜 그렇게 지각할 수 있는지 설명해주지 않는다. 그러면 아이들은 종종 자신이 보고 느낀 것을 못 본 척, 못 느낀 척 무시해버려야 하는 경우도 생긴다. 가령 예민한 아이가 엄마에게 '사랑하는 이모'가 겉으로 하는 말과는 달리 속으로는 자신을 전혀 달갑지 않게 생각하는 것 같다고 말하면, 그 아이는 꾸지람을 듣기 십상이다. 몰이해에 부딪히게 되고, 아이의 느낌은 말도 안 되는 것으로 치부된다.

또한 예민한 아이는 모순적인 것을 관찰할 뿐 아니라 다른 사람들의 생각과 기대도 예민하게 지각할 수 있다. 하지만 다른 사람의 기대와 생각에 맞추려 하는 가운데 자신의 관찰을 그냥 무시해버리고 자신의 지각을 자꾸 억압하게 된다. 그러면서 차츰 자기 자신을 잃어가는 것이다.

이런 상황에서 예민한 아이는 이중적이고 모순적인 세계

에, 도무지 알 수 없는 복잡한 세계에 혼자 남겨진 기분을 느낀다. 고독감과 이질감을 느끼면서, 마치 자신이 다른 별에서 온 것 같은 기분마저 느낀다. 그러고는 자신의 평가나 판단을 신뢰하지 않는 게 좋겠다고 결론을 내린다. 이런 결론을 더욱 강하게 만드는 것은 다른 사람들에게 맞추어주면 즉각 보상이 주어지는 경우도 있기 때문이다. 별로 예민하지 않은 사람들처럼 굴면 별다른 문제가 발생하지 않는다. 소속감과 안정감을 느낄 수 있다. 물론 이런 안정감은 자신의 본성이 치고 올라올 때 다시금 흔들리게 되지만 말이다.

예민한 사람이 자신의 관찰과 판단을 더 이상 신뢰할 수 없게 되면, 그들은 더욱더 다른 사람들을 따라 하려고 노력하게 된다. 다른 사람들처럼 관찰하고 판단하기 위해 타인의 판단 기준이나 의견을 묻고 다니는 것이다. 그런 가운데 그는 이상한 현상에 부딪히게 된다. 사람들마다 각자의 기준과 생각이 서로 모순된다는 점이다. 그러면 그는 더욱더 많은 의견을 구하게 된다. 하지만 이런 행동은 그다지 도움이 되지 않고 그의 세계를 더 복잡하게 만들 따름이다.

그는 이런 모순을 피할 수가 없다. 자기 지각 능력을 잃어버렸기 때문에 복잡한 상황을 더 이상 간단하게 정리할 수가 없다. 신체를 무시하다 보니 신체와의 접촉을 잃어버려, '직감(육감)'도 부족해진다. 직감으로 어떤 생각이나 의견을 점검하면 결론에 이르고, 결정을 하기가 한결 쉬운데 말이다.

자기 신체와의 공명을 잃은 예민한 사람은 다른 사람들의 관심사와 이해관계에 휘둘리고, 쉽게 마음을 조작당하게 된다. 자신의 생각과 느낌이 바로 예민한 사람들의 재능인데도 불구하고 다른 사람들의 생각과 의견에 더 많은 믿음을 부여하기 때문이다.

비슷한 적응 과정을 거쳤을지라도, 예민한 어른들이 예민한 아이에게 꼭 도움이 되는 것은 아니다. 예민한 부모와 교사는 아이에게 자칫 주관적인 평가와 자신만의 적응 방식, 민감성으로 똘똘 뭉친 사람으로 다가온다. 이들은 종종 엉클어진 털실 뭉치 같아서 함께하는 것이 놀이터에서 동네 친구들에게 맞춰주는 것보다 더 힘들게 느껴진다(당신에게 자녀가 있다면 자녀가 예민하건 그렇지 않건 상관없이 이번 장의 마지막 부분과 99쪽 이후에서 그런 어려움들을 어떻게 피할 수 있는지 읽어보라).

### 3단계: 다른 사람들의 관점으로 스스로를 지각하기

지각과 적응의 귀재라 할 수 있는 예민한 사람들은 타인의 세계관도 민감하게 인지하고, 그 관점을 넘겨받고자 한다. 그러면 다른 사람의 눈으로 세상을 보게 되며, 사실상 낯선 세계 가운데에서 살아가는 형국에 이른다. 이런 시각이 자신에게 낯설다는 것은 적응이 잘 되지 않을 때 비로소 인지하게 된다. 그러나 그전까지는 다른 사람들의 시각으로 세계를 지각하고, 자신의 신체 안의 중심을 잃어버렸기에 무게중심 없이 붕 뜬 상태가 되어버린다. 그래서 자신의 지각을 희생해버린 예민한 사람들에겐 더 이상 자신의 입장이나 의견이 존재하지 않는다.

한 걸음 더 나아가, 예민한 사람들 중 다수는 심지어 자기 자신을 볼 때도 다른 사람들의 눈으로 본다. 주변의 잣대로 스스로를 평가하는 것이다. 제대로 경계 설정을 할 수가 없다. 스스로를 더 굽히고 맞출수록, 자신에게 맞게 선을 긋는 것은 더욱 어려워진다. 더욱더 다른 사람들의 잣대에 맞추려 하는 것이다. 하지만 그럴수록 더욱 부작용이 생기며, 그럴수록 스스로를 더 비하하게 된다.

—

**카린(체육 교사)** "어릴 적에 나는 주변 사람들의 생각에 전염되다시피 했어요. 나는 외동딸이었는데, 아버지는 내가 아들처럼 구는 것을 좋아했죠. 그래서 나는 남자애처럼 행동하는 것이 자랑스러웠어요. 하지만 할머니가 오시면 다시금 여자애로 돌아가야 했어요. 그럴 때면 전에 어떻게 남자애처럼 행동했었는지 약간 의아한 생각까지 들었죠. 할머니는 내가 인형을 가지고 노는 걸 좋아했어요. 하지만 그러다가 할머니가 가시고 나면 인형들은 벽장 구석에 처박혔어요. 아빠와 할머니가 같은 자리에 있을 때는 정말 힘들었어요. 그러면 나는 어찌할 바를 몰라 기가 죽었죠. 내가 누군지 헷갈렸어요. 그리고 그 뒤에는 늘 혼자 있는 시간이 필요했어요. 다른 사람과 함께한 다음에는 스스로에게로 돌아가는 시간이 꼭 필요했던 거죠."

—

예민한 사람들이 주변 사람들에게 맞추고자 하는 행동은 장기적으로는 걸림돌에 부딪힌다. 시간이 흐르면서 원래의 본성이 자꾸 방해를 하기 때문이다. 그것도 가장 곤란한 순간에 본성이 고개를 든다. 그러고 나면 힘겹게 획득한 소속감은 한순간에 물거품이 되어버린다. 실수를 저지르고 나면 예민한 사람들은 대부분 이런 행동을 만회하고, 스스로를 포장하고자 더욱더 애쓰게 된다. 하지만 이길 수 없는 게임이다. 도저히 자신의 뜻대로 되지 않고 오히려 더 이상하게 굴러가는 것을 느끼고 다시금 정신을 차릴 때에야 비로소 이런 사실을 깨닫게 된다.

그런 깨달음이 내게는 좀 더 빨리 찾아왔다. 지금 생각해보면 나는 다른 사람들에게 맞추려고 하면서도 스스로 너무 많이 내주지 않으려고 줄다리기를 했던 것 같다. 그것은 어느 정도 가능한 일처럼 느껴졌다. 그러나 기본적으로 나는 이런 이상한 시합에서 늘 패배자일 수밖에 없었다. 전혀 스스로에게 충실할 수 없었기 때문이다. 나는 스스로를 무가치하게 여겼고, 스스로 자신과 하나 된 느낌으로 살지 못했다. 이러한 연관성을 파악하기 시작하면서 비로소 지금의 상태로 변화시킬 수 있었다.

일반적인 사람들에게는 다른 사람들의 시각으로 자신을 바라보는 행동이 많은 유익을 준다. 자신과의 거리를 유지하면서 스스로를 더 객관적으로 지각할 수 있는 것이다. 예민한 사람들에게도 물론 유익이 될 수 있다. 하지만 보통 사람들과는 달리 예민한 사람들에게는 오히려 스스로를 중심에 두고, 자신의 관점에서 자기 자신과 세계를 보는 과제가 주어진다. 이런 과제를 거쳐야 한 걸음 더 나아가 스스로의 행동을 의문시하며, 자신의 부족함을 깨달을 수 있다.

스스로를 중심에 두고 중심 잡는 것을 잘하지 못하면, 시간이 지날수록 힘들어진다. 이렇게 사는 것이 손해라는 생각도 강하게 든다. 이런 깨달음을 얻고 나면 갑작스럽게 태도의 변화를 보이게 된다. 지금까지는 주변 사람들에게 아주 잘 맞추어주었고, 함께하는 사람에게 아주 편안한 존재로 살아왔다. 마치 송신기의 주파수에 맞추는 라디오 수신기처럼 완전히 다른 사람의 시각에서 보고 느끼고 생각하고 판단했다.

불현듯 이러한 행동들이 무리가 되고 손해라는 생각이 들면 상대에게 맞추는 상태에서 완전히 벗어나 갑자기 엇나갈 수 있다. 자신의 의견을 주장하며 고집을 부리기 시작하는 것이다. 중심 잡힌 신체로부터 나오는 '자연스런' 입장 표명과 달리, 이렇듯 뒤늦게 머리에 의해 주장되는 입장은 이론적이고 독단적이며 경직되어 있을 때가 많다. 스스로의 중심에서 나오는 자연스런 입장 표명은 다른 사람에게 받아들여지고 공감을 살 수 있다. 하지만 뒤늦게 그간의 손해를 보상하려는 생각에서 취해지는 입장 표명은 너무 생뚱맞게 다가오며 굉장히 반항적으로 느껴진다. 다소 늦은 감이 있고 황당하게 다가온다. 주변 사람들이 그런 행동을 전혀 예상하지 못했기에, '모난' 행동처럼 느껴지기도 한다.

이제 예민한 사람은 즐거운 분위기를 망치는 사람이 된다. 하지만 사람들은 그가 지금껏 얼마나 맞추어주느라 힘들었는지를 잘 모른다. 단지 지금 당장의 거슬리고 튀는 행동만이 부각된다. 예민한 사람들은 이처럼 억울한 듯한 분위기를 자아내는 고집스런 태도에서 헤어나지 못할 때가 많다.

### 자기 중심을 잃은 사람들
사실 예민함 자체는 거슬리고 튀는 행동을 초래하지 않는다.

방해만 되는 것처럼 느껴지는 자기 지각에 맞서 싸우고(지각을 억압하고) 다른 사람들에게 맞추려는 노력 때문에 다양한 부작용이 생긴다. 이런 어긋난 적응을 하려는 노력은 우선 자신의 신체를 지각하지 못하게끔 하며, 자신의 필요를 잘 알지 못하는 상태로 만든다. 신체는 말을 듣지 않을 때만 지각되며, 신체적 통증이나 증상으로 인해 힘들어져야만 신체적 필요가 지각된다. 질병이 생겨나고 만성이 되는 경우도 이런 방식일 때가 많다.

자신의 신체를 지각하는 대신 외부에서 주어지는 자극을 점점 더 많이 지각하다 보면 힘들어지고 무력감에 빠진다. 이런 느낌은 '위험한' 외부 자극을 더 강하게 지각하게끔 한다. 그렇게 되면 외부 자극에 더욱 부담을 느끼게 되며, 이것은 다시금 예민한 사람들로 하여금 스스로를 제대로 지각하지 못한 채 무기력으로 빠져들게 만든다.

신체의 신호가 제대로 지각되지 않으면 신체의 한계를 적시에 느낄 수 없다. 그러다 보면 때늦게 그것을 느끼게 되는데, 그때는 이미 너무 늦다. 그래서 예민한 사람들 중에서는 한동안 신체를 혹사시켰다가 이후 아무것도 하지 않는 상태를 반복하는 사람들이 많다. 과잉 부담과 과소 부담의 상태가 교대로 반복되는 것이다. 자신의 한계를 (그리고 종종 주변 사람들의 한계를) 느끼지 못하면, 아예 사람들과 접촉을 끊고 살

2장 나는 남보다 디테일한 감각을 가졌습니다

지 않는 한, 우리는 갈등을 겪을 수밖에 없다.

신체를 지각하는 능력을 잃어버리면, 자신에게 들어오는 정보가 맞는 정보인지, 중요한 정보인지 판단하는 능력도 잃어버린다. 스스로의 관점에서 일의 중요성을 판단하는 직관적인 능력을 잃어버리는 것이다. 그 결과 우리는 타인의 생각과 평가에 휘둘리게 되고, 그럴수록 더 많은 정보를 받아들이고 처리해야 한다. 그러면 다시금 우리의 신체를 제대로 지각하지 못하게 되는 악순환에 빠진다.

신체의 지각과 더불어 스스로를 중심에 놓는 능력 또한 상실된다. 더 이상 자기 자신이 없는 것처럼 되고, 자신과 주변 세계를 더 이상 자신의 시각에서 경험하지 못한다. 자신의 외부에 존재하게 되고, 세상 속에 살면서 자신의 관점을 잃어버리게 된다. 다른 사람의 입장에서 스스로를 지각하며, 다른 사람의 기준, 그것도 서로 다른 기준으로 스스로의 인격을 판단하고, 이런 시각을 내면화하고자 애쓴다. 그런 기준으로 스스로 높은 평가를 받아보고자 애쓰지만 번번이 좌절할 뿐이다.

이렇게 중심을 제대로 잡지 못하는 사람이 뒤늦게 생각을 거듭해서 이룩한 자신의 입장으로 그간 부족했던 자기중심성을 만회하고자 하면, 상당히 부자연스런 상황이 펼쳐진다. 그럴 때 그는 매우 이론적이고, 잘난 체하고, 세상물정을 모르는 것처럼 보이고, 독선적인 사람처럼 느껴진다. 그런 경우 예민한 사람들은 다른 사람이 보기에 아주 고집 세고, 모난 사람처럼 여겨진다.

# 아이의 마음도 모르는
## 부모의 욕심

|

예민하고 감수성이 높은 기질이 평생 짐으로 작용할 것인지, 아니면 인생을 더 풍요롭게 하는지를 결정하는 것은 어떤 요인들일까? 이런 예민한 특성을 지닌 채 애초부터 생긴 대로 사는 것이 가능했던 '운 좋은' 사람들이 있다. 그들의 특성은 그냥 그 자체로 주변으로부터 받아들여졌고, 스스로도 자신의 특성을 적극적으로 살리며 살았다. 자신의 지각에 맞서 싸우고, 지각을 포기하거나 희생할 이유가 없었다.

하지만 유감스럽게도 그렇지 못한 경우가 더 많은 것 같다. 예민하게 태어난 아이는 자라면서 주변에 적응해야 하고, 그 과정에서 자신의 신체와 자신의 한계, 자신의 필요를 지각하는 능력을 차츰 잃어버리게 된다. 그렇다면 이런 방식을 계속 강화시키는 요인은 무엇일까? 어떤 요인들이 유전적 기질에 영향을 미치고, 유전자의 스위치를 켜거나 끄게 만들까?

우선은 다른 사람들에게 맞추려다 보니 자신의 신체를 무시하게 된 탓이 크다. 누구나 사랑받고 싶고, 좋은 소리를 듣고 싶고, 인정받고 소속감을 느끼고 싶은 욕구를 느낀다. 인간이라면 모두 가지고 있는 이런 마음에 덧붙여, 종종 외부 상황들이 지각의 안테나를 더욱 외부로 곤두세우고, 자신의 지각을 더욱 제한하도록 한다. 예민한 아이는 주변 세계가 복잡하고 모순적이거나 위험하다고 느끼면, 더욱더 주변 세계를 강하게 의식하게 된다. 주변의 분위기가 긴장되어 있거나, 주변 사람들이 간섭을 하거나, 권력으로 억누르려고 할 때면 특히나 심해진다. 이런 상황에서 스스로를 보호하고자 하는 가운데 예민한 아이는 자신을 점점 잃어버린다.

자신의 '에너지 장'이 계속 방해를 받는 것도 또 하나의 어려움으로 작용한다. 스스로 경계 설정을 분명히 하지 못하고, 아이의 경계도 존중해주지 못하는 부모는 아이의 에너지 장에 방해를 초래한다. 아이를 과잉보호하거나, 완전히 독점하고 좌지우지하려는 부모도 마찬가지다. 그 외에 폭력이나 성적 침해, 여타 트라우마를 통해서도 아이의 에너지 시스템에 커다란 장애가 초래될 수 있다.

## 억지로 사회에 적응시키려는 부모

부모가 아이의 개성 발달이나 스스로 책임지는 능력을 키워
주는 대신 사회에 무조건 적응하고 맞추는 방향으로 양육을
하면 예민한 아이는 힘들 수밖에 없다. 자신의 에너지를 자연
스럽게 흐르도록 할 수 없다. 아이는 튀지 않고, 늘 규범에서
벗어나지 않기 위해 자신의 에너지를 계속해서 억제하고 경
직시키며, 건설적인 방향으로 흐르게 하지 못한다.

평범한 부모들은 예민하고 감수성이 풍부하기 때문에 나
타날 수 있는 아이의 행동에 대해 자칫 불안의 눈빛을 보내는
경우가 있다. 그러면 아이는 신체와 하나가 되어 신체적으로
좋은 기분을 느낄 때마다 부모가 헷갈리는 시선을 보내거나,
애정 어린 시선을 거둬버리는 현상을 경험하게 된다.

## 폭력적인 부모

폭력이나 알코올 중독, 성적, 정신적 침해가 난무하는 가정에
서 자란 예민한 아이는 스스로를 보호하려고 애쓸 수밖에 없
다. 그리하여 아이는 자신의 강점인 섬세한 지각을 살려, 자
신의 지각 안테나를 한껏 밖으로 향하게 한다. 적시에 폭력을
피하고, 긴장을 없애거나 완화시키고, 다른 가족들을 보호하

기 위해서다. 만약 엄마나 아빠에게 전적으로 의지하고 있는 상황이라면, 엄마나 아빠를 지키기 위해 한껏 긴장하게 된다. 그러다 보면 다른 사람들의 상태를 꿰뚫어 보는 데 탁월한 능력을 갖게 된다.

폭력과 성적 침해 등을 통한 트라우마는 그런 부분에 더욱 민감하게 만들고, 인격 전반을 흔들어대면서 왜곡된 지각 패턴을 강화시킨다. 종종 트라우마와 연결되어 에너지 장에 지속적인 방해가 생겨난다. 그러면 아우라나 차크라 차원의 에너지 보호 메커니즘이 거의 작동하지 않거나 반대로 쉴 새 없이 강하게 작동한다.

### 불분명한 경계, 불확실한 규칙, 이중 메시지

아이가 가족에게서 폭력을 경험하는 일이 아주 드물다고 생각하는가? 가정 폭력은 사회적으로 아주 드물게 볼 수 있는 현상이라고? 의외로 그렇지 않다. 더욱이 예민한 아이들은 폭력의 대상이 되지 않을 거라는 선입견은 현실에 맞지 않는다. 역설적이게도 예민한 부모들이 바로 스스로의 감정을 조절하지 못해 아이들에게 언어적, 신체적 폭력을 행사할 위험성이 높은 그룹에 속한다. 이들 자체가 종종 스스로를 제대로 지각하지 못하고, 그 때문에 스스로가 한계를 한참 넘어왔다는 것을 너무 늦게 알아채기 때문이다.

예민한 부모 밑에서 태어난 아이는 부모가 일으키는 분노의 발작을 몇 번만 경험해도 이미 부모를 대하는 데 안정감을 잃어버리고, 나아가서는 다른 사람들과의 관계에서도 자신 있게 나아가지 못한다. 폭력을 행사한 부모가 그 뒤에 죄책감을 느끼고 더 희생적으로 잘해주는 경우가 많지만 그 역시 별 도움이 되지 않는다. 그런 경우는 오히려 이런 행동 패턴이 반복될 위험이 높아진다.

—

**우타(63세)** "내 아버지는 평소 마음씨가 좋은 사람이었어요. 하지만 겨우 아버지에게 다시금 신뢰가 싹틀 무렵이면 아버지는 공든 탑을 무너뜨려버렸죠. 아버지는 한 번씩 화가 머리끝까지 나서 손찌검을 했어요. 또 머리끄덩이를 잡거나 나를 바닥으로 내동댕이쳤죠. 그럴 때마다 아버지 스스로도 괴로웠을 테지만, 나는 거기까지는 생각이 미치지 못했어요. 그 뒤로 다시 너무나 잘해주시면 상황은 더 힘들어졌어요. 그러면 나는 아버지를 동정해야 했고, 어쩌면 아버지를 위로해주어야 할 것만 같았어요. 그리고 아버지가 그렇게 한 번씩 폭발하는 것이 내게 얼마나 상처가 되었는지 내색하지 않으려고 애썼지요."

—

부모와 아이 사이의 경계가 불명확하거나 아예 존재하지 않으면 가족 안에서 스트레스가 발생할 수밖에 없다. 자의적으로 경계를 정해놓고는, 정한 사람이 그 경계를 지키지 않으면 그 역시 아이로 하여금 신경이 쓰이게 한다. 불명확한 규칙이나 기분파식 허용도 마찬가지다. 무엇이 되는 일이고, 무엇이 안 되는 일인지가 확실하지 않으면 아이는 계속 외부의 눈치를 볼 수밖에 없다.

—

나도 어린 시절에 이중 메시지를 경험했다. 무척 예민하고 감수성이 높은 내게 겉으로는 모든 것이 다 허락되어 있는 것처럼 보였다. 두 분 다 예민한 편에 속했던 부모님이 내게 어떤 제약도 두지 않았기 때문이었다. 그럼에도 내가 정말로 이런 자유를 누리려고 하면 부모님은 전혀 기뻐하는 내색을 하지 않았다. 가령 내가 자전거 하이킹을 가려고 하면, 부모님은 걱정스러운 눈빛을 보내거나 갑자기 심각해졌다. 나는 모든 것을 해도 되는 아이였지만, 결국 아무것도 할 수 없는 아이였던 것이다. 그냥 집에 머물러 있는 편이 마음이 편했다. 그러면 부모님은 너는 왜 맨날 집에서 시간을 때우냐고 했다. 다른 애들처럼 뭔가를 해보라는 것이었다. 이를테면 자전거 하이킹 같은

2장  나는 남보다 디테일한 감각을 가졌습니다

걸 해보라고 말이다.

—

모순적인 요구를 하거나 실천할 수 없는 행동을 지시하는 것이 바로 이중 메시지다. 메시지의 한 부분을 따르려고 하면, 다른 부분에 저촉된다. 이런 딜레마가 계속되면 큰 스트레스를 받는다. 게다가 예민한 사람들은 행간을 읽는 데 남다른 재능을 가지고 있어 이중 메시지를 더 잘 느끼고, 혼란스러워하기 십상이다.

자기 자신을 중심에 놓기보다 부모의 기대와 관심사에 더 신경을 쓰는 아이는 다른 아이들보다 더 강하게 이중 메시지를 느낀다. 그러고는 그것을 어떻게 해결해야 할지 알 수 없어 더욱더 외부의 눈치를 보고, 바깥을 향해 안테나를 세운다. 그래도 결국 명확한 방향을 발견하는 대신에 다시금 이중 메시지만을 발견할 뿐이다. 예민한 부모들이 이렇게 이중 메시지를 남발하는 경우가 많다. 그들 자신조차 중심을 잃고 마음이 왔다 갔다 하기 때문이다.

—

**알리나**(교사, 53세) "어릴 적에 나는 피아노를 무척 배우고 싶었어요. 하지만 엄마한테 졸라도 엄마는 좀처럼 피아노

레슨을 받게 해주지 않았어요. 그러면서 말로는 악기 하나 정도를 다룰 수 있어야 한다고 했죠. 정말 미칠 노릇이었어요. 나는 피아노를 엄청나게 배우고 싶은데, 엄마는 내가 마치 피아노 배우기를 몹시 싫어한다는 듯이 연신 말로만 피아노를 배우라고 했어요. 드디어 피아노를 배우게 되었을 때, 나는 피아노 치는 것을 좋아했음에도 불구하고 엄마의 압력 때문에 얼마 지나지 않아 의욕을 잃고 연습을 멀리하게 되었어요. 그러고 나서 내가 피아노를 칠 때면, 엄마는 슬픈 표정을 지었죠. 한번은 정말로 울기도 했어요. 그때도 역시나 말로는 내가 피아노를 쳐서 얼마나 기쁜지 모르겠다고 했어요. 나중에서야 엄마가 피아노를 좋아했지만 피아니스트가 될 수 없었다는 것을 알게 되었어요. 너무 늦게 피아노를 시작했기 때문이었죠. 집안 형편이 어려웠거든요. 결국 나도 엄마와 다르지 않게 되었어요. 딱 엄마 정도 수준에서 나는 더 이상 앞으로 나가지 못했어요."

—

## 스스로 희생자가 되려는 자녀

예민하지 않은 아이는 기본적으로 자기중심적이기 때문에 가족 내의 불균형, 부당함, 숨겨진 문제들에 대해 잘 지각하지 못한다. 반면 예민한 아이는 가족 상황을 빠르게 읽어내어 더 쉽게 말려 들어갈 수 있다. 더욱이 자기 자신보다는 가족의 화목한 분위기를 더 중요하게 생각해서 자꾸 얽힌 걸 풀어내려고 한다. 이런 일은 의지적으로 일어나거나 아니면 그냥 자연스럽게 일어난다.

가족 내의 화목을 위해 노력하느라 본인은 정작 희생자나 아웃사이더의 역할을 감당하는 경우가 종종 있다. 그러면 예민한 아이는 스스로 손해 보거나 아웃사이더가 되는 걸 감수한다. 아이의 이런 수고에 보상은 따르지 않는다. 오히려 스스로를 챙기지 못하고, 소속감을 느낄 수도 없다. 가족들의 감사가 주어지기는커녕, 스스로 멸시와 비하를 당하고 배제되기 십상이다.

## 정신적 학대와 독점에 익숙한 부모
예민한 아이들은 어린 나이에 이미 다른 사람들의 상태를 비교적 정확히 감지한다. 다른 이들의 필요와 부족을 느끼고, 종종 그로 인해 더불어 괴로워한다. 부모가 불행한 경우 감수성 높은 아이들은 부모의 희생자가 되기 쉽다. 스트레스를 받은 어른은 자신의 상황을 잘 이해해주는 예민한 아이에게 자신의 상황을 토로함으로써 위로를 얻는다. 자신의 상황에 건설적인 변화를 도모하는 것보다 그냥 한탄하고 토로하면서 정신적인 짐을 내려놓는 것이 더 쉽기 때문이다. 그러나 이런 식의 정신적인 짐 벗기는 비참한 상황을 공고히 할 뿐이다. 게다가 그런 이야기를 기꺼이 들어주는 예민한 아이의 희생이 동반된다. 아이는 좋은 친구요, 파트너 대신이자 정신적인 쓰레기통이 된다.

이는 명백히 아이를 정신적으로 학대하는 것이다. 타고난 재능을 펼칠 수 있는 예민한 아이에게 이런 상황은 유혹적이다. 민감하지 않은 남매들과 달리 예민한 아이는 신뢰할 수 있는 위치에 있다. 하지만 이를 위해 지불해야 하는 대가는 만만치 않다. 정신적으로 학대당한 아이는 남매와 또래 친구들로부터 소외될 수밖에 없다. 천진난만하게 놀기에는 마음의 짐도 너무 크다. 아이는 어른이 맡긴 짐을 짊어지고 다녀야 하며, 그 짐을 어디엔가 내려놓을 수조차 없다. 누구에게 그렇게 할 수 있겠는가? 학대하는 부모에게는 당연히 그렇게 하지 못한다.

자신의 삶의 과제를 주체적으로 감당하지 못하는 부모는 아이에게 자신의 숙제를 위임하는 경우가 있다. 예민한 아이들은 특히 이런 짐을 기꺼이 짊어지고자 한다. 이를 통해 때로는 이상한 교환이 일어난다. 부모가 자신의 인생사를 해결하는 대신 아이의 일을 자신의 일로 만들어버리는 것이다.

자신의 성장을 포기하고 자신의 욕구를 무시하면서 아이

들을 위해 희생하는 것은 정말 불필요하고 달갑지 않은 것이다. 이런 희생은 아이들에게 일생 동안의 부담과 걸림돌로 작용한다. 아이들 자신이 결코 바라지 않았던 희생에 대해 아이들이 높은 대가를 치러야 하는 경우도 생긴다. 그도 그럴 것이 예민한 아이들은 부모가 그들을 위해 무엇을 포기했는지를 눈치채고, 그와 은밀하게 연결되어 있는 기대들을 감지하기 때문이다.

알을 품고 있는 암탉처럼 아이를 독점하고자 하는 부모역시 예민한 아이들에게 무거운 부담으로 작용한다. 그런 부모들은 여리디여린 아이들을 험난한 세상으로부터 보호해주려고 하다가 아이에게 너무 집착하게 되고, 결국 아이의 건강한 정신적 성장을 저해하게 된다.

아이가 이런 답답한 상황에서 벗어나려고 하면 부모는 상처를 받는다. 이런 부모들은 대부분 예민한 사람들이다. 이런경우 예민한 아이는 부모로 인한 부담과 죄책감을 가져야 할뿐 아니라, 부모의 독점에서 스스로 벗어나야 하는 과제까지짊어져야 한다.

어린 시절 폭력이나 침해를 통해 지속적인 스트레스를 받거나 어려운 과제를 해결하고 이중 메시지에 부응하고자 연신 애를 써야 한다면, 또한 불확실한 경계 설정이나 규칙, 책임, 가족의 분위기에 휘둘리게 된다면, 부모의 독점욕으로 인해 불안을 경험하게 된다면, 둔감한 아이들은 이런 상황에 단순히 적응할지도 모른다. 하지만 예민한 아이는 지각을 더욱 외부로 향할 수밖에 없다.

후성 유전학에 따르면 어린 시절 지속적인 스트레스를 받으면 호르몬 체계가 변화하고, 이로 인해 특정 유전자가 켜지거나 꺼질 수 있다. 이런 상황은 많은 예민한 아이들의 성격에 다시금 상당한 영향을 미칠 수 있다.

## 예민해서 행복한 사람들

예민한 기질을 타고 났으나 이런 성향을 가지고 전혀 문제없이 잘 살아가는 사람들도 있다. 그들은 자신과 다른 사람들에게 유익하게끔 자신의 기질들을 펼쳐나간다. 어린 시절부터 자신의 지각과 신체의 한계를 존중하고 존중받아온 사람들이다. 스스로 자기다움을 잃지 않고, 중심을 지키며 자신의 욕구와 필요에 민감했던 사람들이다. 이런 사람들은 이렇게 하는 데 어떻게 성공했을까?

우선, 부모가 자녀를 맘대로 좌지우지하려고 하지 않고, 자신의 야망을 아이에게 전가하거나 암묵적으로 강요하지 않는 분위기가 도움이 된다. 자신이 양육하는 자녀들을 인격적으로 존중하고, 그들에게 그들 나름의 삶의 의미와 과제가 있음을 인식하는 것이 중요하다.

2장  나는 남보다 디테일한 감각을 가졌습니다

보통은 교육 수준이 높고 스스로의 인생에 만족하는 부모들이 이런 태도를 가지기 쉽다. 이런 부모들은 아이들을 어떻게 사회적으로 성공시킬 것인지에만 몰두하지 않는다. 부모 스스로가 독립적인 여성 혹은 남성으로서 스스로를 실현해 나가고 성장하는 삶을 사는 사람들이기 때문이다. 이런 부모들 밑에서 자라는 예민한 아이들은 적응에 대한 부담이 훨씬 덜하다.

　반면 자신이 어려움을 극복하고 이만큼 살게 된 것처럼 자신의 아이도 자신처럼 노력해야 한다고 생각하는 자수성가형 부모들은 아이들에게 노골적으로 혹은 암묵적으로 부담을 주기 쉽다. 이들은 현대사회의 표준에 맞추는 것을 교육이라 생각하며, 근면과 노력을 통해 무엇인가를 이루어야 한다고 굳게 믿는다. 무엇보다 자신의 자녀들이 '자신보다 더 나은 사람이 되기를' 원하기 때문이다.

　스스로의 삶을 행복하다고 느끼는 부모 밑에서 자라는 아이들은 그보다 부담을 훨씬 덜 느끼게 된다. 이런 부모들에게 교육은 자신을 펼치고 성장하여 스스로의 인간적 지평을 더 넓혀가는 것이며, 스스로의 인생을 책임지는 능력을 기르는 것이다. 그리하여 아이들은 아이들의 세계를, 어른들은 어른의 세계를 살아가고 누린다. 그래야만 상호 존중하며 적절한 거리를 유지할 수 있다.

세계대전 이후에는 사람들의 예민한 소질을 체계적으로 억압하는 분위기가 형성되어왔다. 남성이건 여성이건 사회가 요구하는 인간상을 갖춰야 했고, 희생과 자제력을 높이 평가받았으며, 개성을 공공연하게 무시하는 분위기가 팽배했다.

본인의 타고난 성향을 허용할 수 없는 가정에서는 상호 존중의 분위기가 형성되기 힘들다. 이런 가정에서 자라나는 예민한 아이들은 더욱더 예리한 감각을 외부로 향하게 할 수밖에 없다.

부모는 유전자 말고도 다양한 것을 아이에게 물려준다. 인생의 문제에 어떻게 대처할 것인지, 어떤 의식을 가지고 삶을 살아갈 것인지, 삶의 도전에 어떻게 대처할 것인지에 대해 부모가 생각하고 살아가는 모습들이 모두 아이에게 영향을 미친다. 예민한 아이를 기르는 부모라면 이 점을 의식하고 아이에게 좋은 모범을 보여주려고 노력해야 할 것이다. 의식의 성장을 이루는 모습, 스스로를 펼쳐가는 모습을 보여주는 것이 부모가 아이에게 해줄 수 있는 가장 좋은 일일 것이다. 그럴 때에야 아이들 역시 자유롭게 스스로 성장하는 길을 가게 된다.

# 남자는 예민하면
# 안 되나요?

|

예민함은 일반적으로 여성적인 특성으로 여겨
진다. 그 덕분에 예민한 남성보다는 예민한 여성
이 사회적으로 용납되는 분위기다. 하지만 예민
한 사람들의 절반은 남성임을 명심하라. 예민한
남자들은 일찌감치 자신의 신체적, 정신적 민감
성이 사회적으로 좋은 반응을 얻지 못한다는 것
을 깨닫는다. 자신의 예민함에 엄마는 어떤 반응
을 보이는지, 아빠는 어떤 반응을 보이는지 아주
섬세하게 지각한다. 혼란스러워하는 반응, 마음
에 들지 않는다는 듯한 반응, 무시하는 듯한 반
응 등을 지각하고는, 자신의 섬세한 지각이 거
부감과 함께 공감의 손실을 이끌어낼 수 있다는

것을 경험한다.

또한 또래 아이들과 어울리기 위해 예민한 남자아이들은 평범한 아이들처럼 군다. 이들은 집단에서 표준적인 아이처럼 보이고 아이들의 표적이 되지 않기 위해 타고난 예민한 지각을 한껏 투입해가며 노력한다. 은근히 무시당하고 배제되는 한이 있어도, 다른 아이들처럼 되고 싶어 하고, 그들의 무리에 끼고 싶어 한다.


## 남성성과 예민함이 어떻게 연결될 수 있을까

사회적으로 아직도 건강한 남성상이 정립되어 있지 않다. 본보기를 보여주는 사람들이 부족하다. 특히 교육을 담당하는 사람들의 다수가 여성인 탓에 감수성이 높은 학창 시절에 남성이란 무엇인지에 대한 현실적인 그림을 그려주는 사람들이 없다. 오히려 미디어를 통해 남성에 대한 왜곡된 이미지가 전달될 뿐이다.

이렇듯 아이들에게 받아들여질 수 있는 현실적인 남성상조차 존재하지 않는데, 하물며 예민한 남성에 대한 상은 어떤 형편이겠는가? 남성이면서 예민한 사람들에 대한 건설적인 본보기는 존재하지 않는다. 이런 사람들은 알아서 살아남을 수밖에 없다. 자신의 아버지 역시 예민했던 경우, 아버지로부터 몇몇 좋은 점들을 배울 수 있을지도 모르겠다. 그러나 대

2장  나는 남보다 디테일한 감각을 가졌습니다

체적으로 반면교사로 삼을 일이 더 많은 것이 현실이다.

사람들은 늘 일반화하고 대비시키는 것을 좋아한다. 그러나 현실을 살펴보면 우리의 머리로 생각할 때 서로 반대되는 특성들이 동시에 공존하는 경우가 얼마나 많은가! 우리의 머리는 이것 아니면 저것이라고, 남성적인 것과 예민한 것은 공존할 수 없다고 생각한다. 남성의 대표적인 특징에 대해 설명하면서 마치 여성적이고 소심하고 예민한 남성과 건장하고 박력 있는 남성의 두 부류로 나눌 수 있을 것처럼 생각한다.

이런 고정관념이 예민한 남자아이들에게 남성다운 남성이 되어야 한다는 마음을 가지게 만든 덕분에, 그들이 자신의 예민한 지각 능력을 억압하고, 민감성을 희생시키게 만드는 것이 아닐까? 그러나 남성적이면서 예민한 사람은 오히려 더 많은 것을 할 수 있을지도 모른다. 자기주장이 강한 동시에 섬세한 지각 능력을 갖춘 사람은 그런 차별화된 지각으로 더 많은 일을 이룰 수 있지 않을까?

예민한 성향이 긍정적이든 부정적이든 삶에서 중요한 역할을 하는 몇몇 남성들의 예를 살펴보자.

—

병원 원무과장인 헨드릭스는 깡마르고 왜소한 타입의 남

성이다. 그는 자신의 예민한 지각 능력을 십분 활용해 업무적으로 자신의 영향력을 확대하는 사람이다. 사람의 약점을 감지하는 속도 면에서 그를 따라갈 만한 사람은 별로 없을 것이다. 게다가 그는 어떤 조직에서 누가 목소리가 큰지, 권력의 흐름이 어떻게 되는지를 쉽게 감지하고, 자신의 스트레스와 두려움을 주변 사람들에게 전가하고 압력을 행사한다. 자신의 위치에서 화풀이 대상으로 활용할 수 있는 약자를 찾는 데 능하다.

예민한 소년인 마틴은 어느 순간 엄마가 감정적으로 자신을 지배한다는 걸 느꼈다. 엄마가 슬픈 표정을 짓는 것만으로도 마음이 약해지는 경우가 많았다. 그래서 더 이상 감정에 휘둘리지 않으려고 애썼다. 전형적인 남자아이가 되고 싶었다.

마틴은 심성이 아주 착했기에 엄마를 기쁘게 해드리기 위해 최선을 다했다. 기술 분야에 관심이 있고 섬세한 손기술로 어려운 조립도 척척 해냈으며 전기 엔지니어가 되어 열심히 일했다. 그리고 자신에게 호감을 느끼는 아내를 만나 두 아이의 아빠가 되었다. 그는 야무지고 희생적인 성격이라 아내의 얼굴 표정에서 아내가 원하는 걸 쉽게 읽어내었다. 하지만 아내는 금방 또 부족한 것을 발견해내었고, 그를 무시했다.

마틴은 아내에게 더욱더 잘해주려고 노력했고, 좋은 남편이자 아빠가 되려고 애썼다. 그러나 끝내 아내가 아이들을 데리고 자신의 곁을 떠나는 걸 막지 못했다. 그는 대체 왜 이런 일이 일어났는지 알지 못했다. 그러는 동안 그는 성실하게 직장 생활을 해서 부서장으로 승진했다. 그러나 곧 직업적으로도 문제가 시작되었다. 자신의 일을 다른 사람에게 위임하는 것을 힘들어했던 것이다. 그로 인해 동료들과 직원들은 그를 호구로 알았다. 그저 사람들의 이야기를 잘 들어주고 잘해줄 뿐이었던 그는 모략의 희생자가 되어 자신의 자리마저 빼앗기고 말았다.

수학을 전공하는 예민한 성향의 대학생 옌스는 자신과 마찬가지로 예민한 엄마의 과잉보호를 받으며 자랐다. 엄마는 거의 집착하다시피 했다. 그래서 옌스는 일찌감치 또래 아이들의 놀림감이 되었고 더욱 엄마와 가깝게 지낼 수밖에 없었다. 결국 또래 집단으로부터 더욱 소외되었다. 아버지는 이런 옌스를 자꾸 밖으로 끌어내고자 노력했지만, 옌스의 수준에 맞지 않은 일을 시켰고, 옌스는 더욱 패배감을 맛봐야 했다.

옌스는 현재까지도 어머니의 독점에서 벗어나지 못했다.

어머니에게서 벗어나고 싶지만 어떻게 해야 할지 몰랐다. 어머니에게서 벗어나려고 시도할 때마다 어머니에게 상처를 주고, 죄책감을 느끼게 만들었다. 또 그는 다른 사람들을 사귀려고 할 때, 마치 아첨을 하다시피 하며 다가간다. 그런 행동이 그를 더 우습게 만드는지, 그는 여전히 사람들로부터 받아들여지지 않는다.

게르하르트는 유복하고 교양 있는 집에서 자랐다. 게르하르트와 두 남자 형제는 각자 자기 방이 있었다. 집안에는 명확한 규칙과 경계가 존재했고, 자유롭게 자기의 의견을 표명할 수 있었으며 서로에 대한 존중과 예의와 형식이 중요시되었다. 그냥 피상적인 것만은 아니었다. 분위기는 다른 가정만큼 따뜻하지 않았을지 모르지만, 모든 아이가 누리는 존중과 인정은 부모가 서로 헤어진 뒤에도 계속 이어졌다.

게르하르트뿐 아니라 다른 형제 둘 모두 예민한 사람들이었다. 그리고 셋 모두 자기 길을 갔다. 한 사람은 음악가로 성공했고, 한 사람은 물리학자가 되었다. 게르하르트는 회사를 물려받아 경제 위기 속에서도 직관적이고도 신중하게 회사를 이끌었다. 그 외에 미술품 수집도 하고, 자선 단체에서 활동도 하고 있다. 그의 높은 감수성과 독립적인

정신은 그를 훌륭한 대화 상대자로 만들어주는 주요 요인
이다. 그는 이런 성향으로 남편과 아버지로서도 사랑받고
있다.

—

# 여자는 당연히
# 예민하다고요?

|

여자아이들은 예민한 성향이 조금 허용된다. 그래서 여성들은 자신의 예민한 성향을 억누르지 않고 남성들보다 더 수월하게 감수성을 펼친다. 일반적으로 주변 사람에게 공감해주고, 맞추어주고, 주변 사람들이 필요로 하는 것을 세심하고 성의 있게 채워주는 여성은 높이 평가된다. 그러다 보니 예민한 여성들은 별로 특별해 보이지 않는 경향도 있다.

하지만 바로 여기에서 문제가 발생한다. 높은 감수성과 예민함이 주변 사람과 가족, 사회에 유익으로 작용할 때, 이런 특성은 아주 호의적으로 받아들여진다. 그리고 이런 행동에 대해 주어지는 좋은 반응이 앞서 소개한 적응 패턴을 강화시킨다. 전통적인 역할상은 다른 사람에게 민감하게 맞추어주는 것을 이데올로기적으로 부추긴다.

이런 적응의 대가로 예민한 사람은 차츰 자신의 신체적 지각을 상실하게 되는 경우가 많다. 특히 예민한 여성은 이런 역할상에 잘 적응하는 듯이 보인다. 하지만 이런 상태가 계속되면, 대부분 스스로를 더 이상 제대로 지각하지 못하고, 스스로를 돌보지 못하며, 스스로에게 과중한 부담을 주고, 자신의 한계를 넘어서는 일이 계속 일어나며, 종종 다른 사람들의 경계까지 침범하게 된다.

그리고 이런 식으로 이어지다 보면, 예민한 여성들은 자신이 손해를 보고 있음을 느끼기 시작한다. 상황이 늘 이렇게 돌아간다는 것을 말이다. 그런 씁쓸한 기분에 계속 빠져 있지 않으려면, 어느 순간 자신의 본질을 의식해야 한다. 남성들은 처음에 자신의 여자 친구 혹은 아내가 예민하고 섬세하다는 것을 느끼면 놀란다. 하지만 다음 순간 여자들이 다 그런가 보다고 생각하며, 그냥 넘겨버린다. 무엇보다 처음에는 그것이 배우자나 주변 사람들에게 아주 편하게 생각되기 때문이다.

### 자기희생의 대가

여성의 예민함이 주변에 방해가 되고, 그것이 부정적인 면으로 눈길을 끌 때 비로소 사람들은 예민한 여성들에게 주목한다. 과민하고 히스테리컬하고 불쾌한 반응을 보일 때, 뾰로통하거나 변덕스럽게 굴 때, 혹은 병이 나서 아파버리거나 할 때 말이다.

이런 장애물들은 다른 사람에게 너무 잘해주려다 보니 뒤늦게 생기는 부작용이다. 이쯤 되면 예민한 여성 스스로뿐 아니라 주변 사람들도 함께 대가를 지불해야 한다. 주변 사람들도 예민한 여성들의 이런 반응 때문에 힘들어진다. 많은 사람들이 예민한 여성이라고 하면 히스테리 같은 걸 떠올리는 것도 바로 이런 부작용에서 비롯된 것이다.

문제는 예민한 여성들 스스로가 이런 부작용을 경험하면서도 자신의 해묵은 행동 방식을 변화시키면서 스스로 자신의 행복을 일구려고 하지 않는다는 점이다. 그런 변화로 나아가기에는 용기도 없고 무력한 경우가 많다. 하지만 그걸 바로 보지 못하고 희생, 배려, 헌신 등의 고상한 가치들로 자신의 모습을 포장한다.

더욱이 희생적인 현모양처상이 이런 고상한 정신적 가치들을 부추긴다. 그 역할을 해내려고 노력하는 중에 자신의 한계도 존중하지 못하고 타인의 경계도 존중하지 못하는 일이 발생한다. 스스로 희생한다는 명목으로 자신의 한계를 가볍게 뛰어넘고, 또 챙겨주고 신경 써준다는 명목으로 타인이 그

어놓은 경계를 가볍게 넘어버린다. 상대방이 그것을 원하건, 원치 않건 아랑곳없이 말이다.

희생에 익숙한 사람은 자신을 무시하고, 자신의 필요를 무시한다. 대신에 다른 사람들을 독점하고, 다른 사람들의 상황과 필요를 낚아채 자신의 것으로 만들어버린다. 이런 여성들은 스스로를 느끼지 않고, 다른 사람들을 느낀다. 이런 방식으로 점유한 상대방은 이제 그들이 기대하는 대로 행동을 해야 한다. 이때 상대방은 마치 스스로를 잃어버릴 것만 같은 느낌이 들고, 갈등에 빠질 수밖에 없다. 한편으로는 자칭 '희생자'와 같이 가고 싶고, 한편으로는 그에게서 벗어나고 싶다. 그러나 벗어나기가 힘들다. 이처럼 선한 의도라는 명목으로 사적인 영역까지 침해하는 '희생자'와의 외적 갈등은 이미 예견된 수순이다.

예민한 여성은 한껏 고귀한 이상을 따르며 희생한다. 보상 심리는 뒤늦게 작용한다. 자신이 원하던 충족감은 느끼지 못하고 계속 노력만 하게 되면, 그간의 모든 희생에 대해 보상을 요구하는 심리가 생기게 된다. 이제 주변 사람들이 힘들 차례가 되는 것이다.

많은 예민한 여성들은 자신들이 다른 사람들을 위해서 행동할 때는 주체적으로 강하게 행동할 수 있었다고 말한다. 그들은 다른 사람들의 일에 끼어들어 조언하고 도와주면서 직업적으로 높은 능력을 발휘한다. 그러나 자기 자신을 위한 일을 할 때에는 이런 강한 면모들이 감쪽같이 사라진다. 예민한 여성이 자신의 한계를 훌쩍 넘어버려서 도움을 필요로 한다는 사실을 주변에서 아무도 눈치채지 못할 때가 많다. 예민한 여성 스스로도 자신을 돕는 사람으로 여길 뿐, 도움을 받는 사람으로 여기기 힘든 경향이 있기 때문이다. 그로 인해 도움이 필요할 때 스스로 도움을 요청하지도 못한다. 결국 슬럼프가 찾아오고, 이때 그들을 붙잡아주거나 도와줄 사람은 아무도 없다.

간혹 이와는 달리 자신의 상태와 필요를 강하게 어필하고, 거의 독재자 스타일로 자신의 예민함을 과시하면서 온 가족 위에 군림하려는 여성들도 있다. 자신의 필요를 관철시키기 위해 자신의 연약함과 민감성을 활용하는 것을 배운 사람들이다. 이런 여성들은 정말로 예민한 사람들일 수도 있고, 아니면 그저 민감성을 성공 전략으로 개발한 사람들일 수도 있다. 다른 사람들과의 게임은 다른 사람들이 응해줄 마음이 있는 한 계속된다.

—

모니카는 이혼을 했고, 열네 살짜리 아들이 있다. 전에는 남편을 챙겨주고 돌봐주기 위해 최선을 다했다. 하지만 결혼 생활에서 자신이 손해를 보고 있고, 자신의 필요를 채우지 못한다고 판단해 이혼을 결심했다. 현재 그녀는 전남편을 비하하면서 결혼의 실패 이유가 다 남편 때문이라고 말한다. 모니카는 자신은 무척 예민하고 민감한 데 반해 남자들은 정말로 둔감하다고 생각한다. 아들이 아빠와 연락하고 지내는 것도 못마땅하게 생각한다. 현재 모니카는 아들을 돌보고 챙겨주는 데 전적으로 몰두하고 있다. 안타깝게도 아들에겐 건강상의 문제가 생겼다. 무릎 관절에 자꾸 염증이 생기고, 운동하면서 곧잘 다치곤 한다. 그녀는 아들에 대한 자신의 독점 욕구와 남성에 대한 거부감, 아들이 겪는 증상 사이에 연관이 있음을 깨닫지 못한다.

—

# 예민한 아이들에겐
# 시간을 주세요

|

예민한 아이들은 관찰력이 뛰어나다. 그들은 일찌감치 주변의 모든 일을 민감하게 받아들인다. 변화를 싫어하며, 모든 것이 예전 상태 그대로 변치 않고 유지되는 것을 좋아한다. 그러므로 예민한 아기들을 위해 침대 위에 모빌을 달아주거나 인테리어를 알록달록하게 바꾸어줄 필요가 없다. 그 대신 믿을 수 있고 변함없는 환경을 조성해주면 된다. 예민한 아기들은 신경이 갑자기 날카로워지고, 한번 떼를 부리면 쉽게 달래지 못한다. 그럴 때에는 양육자가 안정감 있게 곁에 있어주는 것만이 도움이 된다.

휴가를 받은 어른들이 다른 환경에서 <u>스스로</u>

기분 전환을 하고자 여행을 떠나는 경우, 예민한 아이들은 낯선 환경을 특히나 힘들어한다. 변화를 받아들이기가 힘든 경우 계속해서 칭얼대면서 부모의 휴식을 방해하는 일도 생긴다. 이런 아이들은 휴가를 두 번, 세 번 같은 장소로 떠나서 같은 역이나 같은 숙소에 반복적으로 갈 때 안정감을 느낀다.

예민한 아이들은 새로운 환경에 적응하는 데 상당한 시간을 필요로 한다. 새로운 놀이나 스포츠에 참여하기로 결정하려면 망설이는 시간이 상당히 필요하다.

———

스스로는 예민하지 않은 아빠 토르벤은 나의 강연에서 세 돌 지난 아들 야콥과 열흘간 해변에서 휴가를 보냈던 일에 대해 이야기했다. 야콥은 무척 예민한 편인데, 아무리 해수욕을 하자고 해도 절대로 물에 들어가지 않았다. 바닷물과 파도에 분명이 관심이 있는 것 같긴 한데, 멀찌감치 떨어져 백사장 위에서만 노는 것이었다.

마침내 돌아오는 날에야 아이가 비로소 바닷물 속에 들어갔다. 아이는 오랫동안 관찰한 뒤에야 비로소 물 속에서 걸어다녀도 위험하지 않다는 것을 깨달은 모양이었고, 이제 얕은 곳에서의 물놀이를 즐길 수 있었다. 아빠 토르벤은 무척 기뻤다. 특히 일단 물을 탐색해야 하는 아들을 억지로 물에 데리고 들어감으로써 아들의 경계를 강제로 침해하지 않은 자신이 자랑스러웠다. 야콥은 완전히 혼자 힘으로 바다라는 매력적인 세계를 정복했던 것이다!

—

예민한 아이들은 아주 귀가 얇은 편이기도 하지만, 그 무엇에도 속지 않는 편이기도 하다. 만약 어른이 마음에 불편한 일을 품고 있으면서 아무 일도 없는 것처럼 굴어도 곧이 듣지 않는다. 예민한 아이들은 눈에 보이는 갈등은 물론이고 숨은 긴장으로 인해서 힘들어하기도 한다. 그래서 예민한 아이들의 부모는 상호 존중을 바탕으로 한 세심하고 건설적인 갈등 문화를 개발해야 한다는 숙제를 가진 셈이다. 또 아이의 한계와 삶의 영역을 존중하고 배려해주기 위해 노력해야 한다.

—

예민한 아이들을 주제로 한 강의에 참석했던 일로나의 이야기다. 일로나의 아들 닐스는 일곱 살인데 무척 예민하다. 언젠가 닐스가 촛불에 손가락을 데었고, 일로나는 얼른 뛰어가서 화상 연고를 가져왔지만, 닐스는 연고 바르기를 거부했다.

일로나는 이런 일이 있을 때마다 닐스에게 억지로 자기

말을 듣게끔 했고, 닐스는 울고불고 반항했다. 그런데 일
로나가 나의 세미나를 듣고 나서는 다르게 행동했다고 했
다. 부모가 자칫 아이의 경계를 침범하고, 아이의 구역을
침해할 수 있음을 의식했던 것이다. 그러고는 "얼른 브레
이크를 잡았죠!"라고 말했다.

일로나는 미심쩍은 시선으로 화상 연고를 바라보는 아들
에게 일단 다치지 않은 손가락에 한번 발라보는 게 어떻
겠느냐고 제안했고, 아들은 그러겠다고 했다. 화상 연고를
발라도 아무렇지 않다는 것을 확인한 후, 닐스는 데인 손
가락에 연고를 바를 수 있도록 손을 내밀었다. 엄마에게
호의를 베풀어주고 싶은 마음도 있었을 것이다.

—

### 지각과 감각적 경험

아이가 예민한 동시에 행복한 사람이 될 것인가, 예민한 동시
에 불행한 사람이 될 것인가를 결정하는 결정적 요인은 자신
의 지각을 어떻게 다룰 것인지에 달려 있다. 그러므로 부모는
예민한 아이의 지각을 존중해야 한다. 예민한 지각으로 인한
요구나 바람들을 꼭 들어주지는 않더라도 지각 자체를 존중
해주어야 하는 것이다.

여덟 살 마누엘의 엄마는 지각을 존중하면서도 그 결과까지는 수용하지 않는 것이 어떤 것인지 잘 보여준다. 어느날 마누엘이 이렇게 말했다. "엄마, 엄마가 옆집 슈타이너 아줌마가 아주 마음씨 좋고 착한 분이라고 했잖아요. 하지만 그 아줌마를 자세히 보니까 상냥하기는 하지만 아주 샘이 많은 것 같아요. 그리고 우리 같은 아이들을 좋아하지 않는 게 분명해요." 아들의 말에 대해 마누엘의 엄마는 이렇게 말했다. "아, 그래? 알겠다. 그렇구나. 하지만 그래도 아줌마를 만나면 친절하게 대해드렸으면 좋겠네."

아이가 다른 사람에게 맞추려고 하다가 자기 신체의 지각을 무시하지 않도록, 자신의 신체와 좋은 관계를 맺도록 도와주는 것이 중요하다. 아이는 신체를 지각함으로써 스스로를 중심에 놓을 수 있고, 자극이 과도하게 들어오는 것을 피할 수 있다. 다양한 물질, 흙, 물, 나무, 동물을 만져보고 느껴보는 것은 세계를 발견하는 데 도움이 되고, 지각 방식의 형성을 촉진한다. 이런 활동은 집중력과 학습에도 긍정적인 영향력을 행사한다.

이와 관련해서 예민한 아이들에게 필수적인 것이 바로 운동이다. 하지만 시끄럽고 공격적이며 경쟁 지향적인 아이들과 체육 교사들의 요란스러운 호루라기 소리가 운동의 즐거움을 망칠 수 있으니 주의해야 한다. 예민한 아이들은 이런 요인들에 대해 거부감을 느껴서 운동에 대한 흥미를 그대로 영영 잃어버릴 수도 있다.

예민한 아이들에게는 재미있으면서도 기술과 머리를 써야 하는 운동이 적당하다. 아이건 성인이건 할 것 없이 태극권, 요가, 유도 등 동아시아의 운동들이 잘 어울린다. 이런 운동들을 통해 스스로 중심을 잡고 에너지를 모아 생명 에너지를 의식적으로 사용하는 것을 연습할 수 있다. 게다가 공격술과 방어술을 습득하면 자신감과 자존감이 높아진다.

또한 예민한 아이에게는 혼자 있는 시간이 필요하다. 받아들인 자극들과 밀려드는 자극들을 소화시킬 수 있는 시간이 필요한 것이다. 그림 그리기, 만들기, 악기 연주, 글쓰기 등 예술적 활동을 통해 아이가 스스로를 발견해나갈 수 있도록 하면 좋을 것이다. 이런 활동을 통해 아이는 집중하고 마음을 가다듬는 시간을 가질 수 있다. 더 나아가 창조적인 활동을 통해 과정 자체가 주는 즐거움을 누리게 해주면, 예민한 아이들에게 흔히 볼 수 있는 완벽한 결과만을 추구하는 경향에서 벗어날 수 있을 것이다.

## 징계나 체벌을 주는 것은 온당한가

예민한 아이들은 알아서 모든 것을 잘하고 싶어 하며, 자신에 대한 요구치가 높아서 힘들어하는 경우가 많다. 그러므로 혼내거나 벌을 주는 양육 방법은 좋지 않다. 반대로 이해해주고 설명해줌으로써 아이 스스로 좀 너그러워지도록 하는 것이 중요하다. 예민한 아이들은 실수라도 하게 되면 두고두고 신경을 쓴다. 아이 스스로 심하게 자책하기 때문에, 그 이상의 훈계는 불필요하다. 오히려 예민한 아이가 객관적인 시각에서 스스로를 존중할 수 있도록 돕는 것이 좋다.

하지만 속으로는 그렇지 않으면서 겉으로만 괜찮다고 말하거나, 아이가 자책하는 일을 도리어 잘했다고 칭찬하지 않도록 조심해야 한다. 이해받지 못하고, 스스로 존중받지 못한다는 느낌과 더불어 세상에서 혼자가 된 듯한 느낌을 부추길 수 있기 때문이다.

부모뿐만 아니라 동기, 친구, 동급생들, 미디어에서 접하는 모든 인물들이 아이에게 교육적인 영향을 미친다. 사실 예민한 아이들에게 이 부분에서 위험이 많은데도 말이다. 요즘 같은 시대에 미디어 소비를 막을 수는 없는 노릇이니, 조절이 필요할 따름이다.

## 자기 자신과 아이를 대하기

지금까지 언급한 내용을 읽고서 모든 아이를 그렇게 대해야 하지 않냐고 반문하는 독자들이 있을 것이다. 맞는 말이다. 사실 모든 아이들을 그렇게 양육해야 한다. 그중에서 특히 예민한 아이들에게 필요한 것이 무엇인지를 분명하게 알려주려는 것이다.

예민한 아이들은 '훈육'이라는 명목하에 이루어지는 '비인격적인 교육'에 무덤덤하게 넘어가지 않고 매우 예민하게 반응한다. 그러나 비인격적인 교육은 예민한 아이들뿐만 아니라 모든 아이들에게 알맞지 않은 교육이다.

예민한 부모가 예민한 아이들을 키우는 것은 정말 어려운 일이다. 어른으로서 내가 내 아이의 예민함에 어떻게 대처할 것인가? 내가 나 스스로에게 있는 부정적인 면들을 아이에게서 발견하고서 그것과 싸우고 있는 건 아닌가? 내가 나 자신의 예민함 때문에 예민한 아이를 너무 과잉보호하고 응석받이로 키우는 것은 아닌가? 예민한 부모들이 가진 민감성이 예민한 아이들에게 추가적인 부담으로 작용할 수 있다.

—

**슈테판(엔지니어, 53세)** "어릴 적 나는 늘 양대 전선에서 싸움을 해야 했어요. 밖에서는 또래 남자아이들에게 신경을 쓰고, 그들 사이에서 어떻게든 자리매김을 해야 했지요. 집에 오면 다른 전선, 바로 나의 예민한 엄마가 있었지요. 나는 엄마에게 친구들 사이에서 일어나는 일들을 전혀 이야기할 수 없었어요. 친구들과 다툰 이야기는 더더욱 할 수가 없었죠. 그러면 엄마가 걱정을 늘어놓고 쓸데없이 간섭해서 나를 더 힘들게 할 것이기 때문이었어요. 아버지는 나의 상태에 대해 전혀 안중에 없다가 무슨 소리라도 들으면 뻔한 훈계를 늘어놓으며 신경을 건드렸어요. 그것이 내게 더욱 상처가 되었죠."

—

예민한 아이들과의 관계는 이 아이들을 무시하고 비하하든가 아니면 이상화하든가 하는 극단으로 빠질 수 있다. 특히 이상화의 위험은 예민한 아이에게 자칫 부담이 될 수 있다. 예민한 아이가 상황을 잘 파악하고, 두루두루 빠르게 이해할지라도, 그 아이는 여전히 아이이며, 아이가 될 권리가 있고, 두 번 다시 돌아오지 않는 어린 시절을 보낼 권리가 있다는 것을 잊지 말아야 한다.

아이를 이상화하는 것은 아이에게 힘든 부담으로 작용할 뿐 아니라 부모와 아이 사이의 역할에 혼란을 초래할 수도 있다. 또 겉으로는 아주 사랑스럽고 아이를 높이 평가하는 태도처럼 보이지만 속으로는 아이에 대한 정신적 학대나 지배가 될 수 있다.

예민한 아이들은 부모와 세상에 주어진 선물이다. 예민한 아이들에게는 그들의 경계를 존중해주고, 안정감을 선사해주어, 자신의 경계를 넓혀나갈 수 있도록 도와주는 성숙하고 안정된 부모가 필요하다. 예민한 아이들은 무엇이 진실이고, 무엇이 가식이며, 부모 스스로는 얼마나 성숙해 있는지를 단박에 알아챈다. 그래서 예민한 아이는 부모로 하여금 스스로를 돌아보고 성장하게 하는 자극제가 되기도 한다.

# 나는 나를 보호할 권리가 있습니다

내부 자극에 대처하는 법

앞서 예민한 사람들의 특성을 살펴보면서 독자들은 자신과 비슷하다는 생각을 했을지도 모른다. 내가 일레인 N. 아론의 책을 만났을 때와 비슷한 느낌이었는지도 모른다. 그리고 나처럼 이해받는 느낌을 받으며 안도의 한숨을 쉬었을지도 모른다. 타고난 예민한 성향 때문에 주변에 무조건 맞추려다 보니 자기 지각을 잃어버린 상황이 자신의 이야기 같아 마음이 아팠는지도 모른다. 그러나 상황에 대한 인식으로 그치는 것으로는 소용이 없을 것이다.

이제 우리는 이렇게 나쁜 메커니즘에서 어떻게 벗어날 수 있을지, 이런 상황을 어떻게 해결할 수 있을지를 생각해야 한다.

# 스트레스에 대한
# 저항력 기르기

|

## 스위스 심리학자가 전하는 삶의 원칙들

에른스트 크레치머(29쪽) 외에 스위스의 심리학자이자 목사인 에두아르트 슈바인그루버**Eduard Schweingruber** 역시 일레인 N. 아론보다 한참 앞서서 예민한 성향의 사람들이 있다는 걸 발견했다. 1934년 슈바인그루버는 《예민한 사람: 삶을 위한 심리학적 조언들》이라는 소책자를 출간했다. 이 책에서 슈바인그루버는 예민한 사람들에게 "자신에게 맞지 않는 것들을 던져버릴 것(포기할 것)"과 "체험의 다이어트"를 추천했으며, 삶에서 늘 객관성을 견지하고, 자신보다 더 큰 것에 헌신할 것을 권유했다. 삶의 기술로서는 다음의 세

가지 원칙을 제시했다.

첫째, 카타르시스나 명상을 통해 늘 "영점으로 돌아가기". 이를 통해 자신이 처한 사건들을 소화하고, 다시금 자기 자신으로 돌아가는 것이 중요하다고 했다.

둘째, "생명력의 원천"과 연결되어 살아가기. 이를 위해 "침묵의 연습"과 "스트레칭이나 체조 같은 신체 활동"이 필요하다고 했으며, 충분한 수면을 취해야 하고, 깨어 있을 때 간간이 고요한 쉼과 창조적 휴식을 가질 것을 추천했다.

셋째, "일하거나 놀 때, 사람들을 대할 때 편안한 집중 상태를 유지하기". 지속적인 "이완 상태를 유지하는 것은 지금, 여기에 집중하는 것을 통해서만 가능하다"고 하면서 의식적인 삶의 중요성을 강조했다.

슈바인그루버의 조언은 시대를 앞서간 것이었다. 정보의 홍수와 글로벌화, 성과에 대한 압력이 지배하는 우리 시대에 의식적이고 관조적인 삶에 대한 조언은 매우 소중한 것이었다. 그러므로 늘 세 가지 원칙을 염두에 두고 살아야 한다. 당신의 삶에 이런 시간들을 가능한 한 포함시켜야 한다.

나 역시 계속해서 카타르시스와 힐링의 시간들을 많이 가지려고 노력하고 있다. 이런 시간 없이는 다른 사람들과 함께하는 것이 불가능하다. 나는 가끔씩 실행하는 침묵 연습이 너무 좋다. 또 규칙적으로 신체 활동 시간을 갖는다. 하지만 대부분의 사람들이 이러한 노력을 하기 쉽지 않은 것이 현실이다.

외부로부터 밀려드는 자극은 기하급수적으로 불어나고 있고 직업적, 사회적, 개인적 요구도 자꾸 높아지고 있다. 자기계발과 사회 참여, 풍요로운 삶에 대한 기준도 더 높아졌다. 그로 인해 세상으로부터 잠시라도 숨어버리는 것은 훨씬 더 어려운 일이 되었다.

물론 자기를 성찰하고 세상으로부터 숨어 있는 시간이 너무 늘어나도 위험하다. 너무 과한 '체험 다이어트'를 실행하면, 직업적으로 스스로 성장하지 못하고, 자신의 빛을 사회에 비출 수 없게 된다. 사회를 개선하고 바꿀 수 있는 창조적 잠재력과 신선한 자극까지도 없어진다.

### 지각의 역할

지각은 예민한 사람들과 다른 사람들을 구별하는 결정적인 요인이다. 예민한 사람들은 보통 사람들과 다르게 지각한다. 그러므로 예민한 사람이라면 자신의 특별한 재능에 관심을 가지고 그것을 잘 활용해야 할 것이다.

슈바인그루버의 권유를 요약하자면, 우선 예민한 사람들은 자신에게 밀려드는 자극의 양을 조절해야 한다. 이는 자극들을 약간 멀리하고 체험 다이어트를 하는 것을 통해 가능하다. 그리고 외부 세계와 만나기 전과 후에 자극들을 소화하

3장 나는 나를 보호할 권리가 있습니다

고, 정화하고, 스스로의 마음을 가다듬는 시간을 가져야 한다. 하지만 슈바인그루버는 지각 자체에 대한 조언이나 지각이 이루어지는 순간들에 대해 조언하지 않는다. 외부 세계와 그 요구를 만나는 순간들에 예민한 사람들이 어떻게 해야 할까 하는 조언들은 하고 있지 않은 것이다.

하지만 오늘날 예민한 사람들이 살아가고, 스스로를 펼쳐 나가고, 사회적으로 기여하고자 할 때 구체적으로 어떻게 행동해야 하는지에 대한 해결책들을 강구하기 위해서는 지각의 과정에 관심을 가져야 한다. 그래서 나는 일단 내가 지각할 때 어떤 일이 일어나는지 스스로를 '관찰했고', 스스로를 충분히 관찰하면서 깨달은 것들을 다른 예민한 사람들과 더불어 나눌 수 있었다. 그리고 그동안 나는 세미나 참가자들과 내담자들에게서 나의 인식들을 계속해서 확인하고 있다.

---

☐ 지각하지 않고 세상에 대해 깨달은 것이나 알고 있는 것이 있는가?

☐ 지각하지 않고 자신에 대해 깨달은 것이나 알고 있는 것이나 느끼는 것이 있는가?

☐ 지각은 세상과 당신을 이어주는 유일한 연결 고리일 뿐 아니라 당신을 자기 자신과 이어주는 유일한 연결 고리다.

---

## 보고 듣고 느끼고 냄새 맡고 맛보는 것 이상의 감각

한때 나도 슈투트가르트의 쾨니히 가를 거닐거나 루브르 박물관을 방문하거나 런던 거리를 오가는 데 어려움을 느꼈다. 많은 자극, 인상, 사람들이 나의 에너지를 잡아먹고 진 빠지게 만들었다. 나는 거의 얼빠진 상태가 되었다. 내가 약해질수록 나를 자극하는 모든 것들이 나를 더욱 압도했다. 바깥 세계가 무척 아름답고 매력적이었음에도 불구하고, 나는 마치 희생자가 된 것 같은 기분이었다.

처음으로 산을 등반했던 날도 너무 힘들었다. 지각과 에너지를 배분하고 조절하는 법을 알지 못했기 때문이다. 나는 등반을 시작하면서 아주 시시콜콜한 아름다움에까지 주의를 기울였고, 이런 것들에 거의 넋을 잃은 듯한 상태가 되었다. 에너지 면에서 너무 많은 출혈을 경험한 것이다. 저녁을 먹으러 산장에 도착했을 때에는 컨디션이 바닥을 쳤고, 배가 고파도 아무것도 먹을 수가 없었다. 명치 끝이 답답하고 아팠다.

예민한 사람들에게 지각은 삶의 가장 중요한 부분이다. 지각은 예민한 사람들의 강점이자 재능이지만, 제대로 다루지 못하면 굉장한 약점으로 작용할 수 있다.

무엇보다 주변에 맞추기 위해 자신의 예민함을 억누르려고 애썼던 사람들은 지각으로 말미암아 어려움을 겪게 된다. 세상과 다른 사람에게 맞추어주려고 애쓰다가 자기 자신에 대한 지각을 잃어버리고, 그로 인해 자기 자신과의 연결고리를 잃어버리게 되기 때문이다. 그들은 이런 식으로 바깥 세계의 자극들에 무방비 상태로 내맡겨져 있게 된다.

## 나의 지각이 나를 약하게 만들 때

이렇듯 자신을 잃어버린 예민한 사람들은 다른 사람들을 만나고 나면 힘이 고갈된다. 쇼핑도 예민한 사람들을 지치게 하고 에너지를 잃게 만든다. 내가 대학생 때 경험했듯이 아름다운 풍경조차도 예민한 사람들의 에너지를 고갈시킬 수 있다. 이런 경우 예민한 사람들의 지각을 정확히 관찰하면 그들이 외부로만 주의를 기울이고 있었음을 발견할 수 있다. 대화 중에 그들은 오로지 다른 사람에게만 집중했다. 상대방을 잘 이해해주고, 그에게 감정이입을 해주면서, 스스로에 대해서는 전혀 주의를 기울이지 않고 스스로를 지각하지 않는다. 바로 이것이 그들 자신의 에너지를 고갈시키는 원인이다.

생긴 대로 살지 못하고, 적응하고 맞추어야 했던 예민한 사람들의 경우 에너지가 줄줄 새는 지점이 바로 이런 자신에 대한 지각이다. 그래서 나는 무조건 자신감을 높이려고 애쓰는 것보다 이런 지각 과정을 손보는 것이 중요하다고 생각한다. 자신의 지각을 의식적으로 다루기 시작하면, 삶은 근본적으로 변하고, 그로써 삶을 대하는 감정도 변한다. 그러면 자신감과 자존감은 저절로 높아진다.

쇼핑할 때도 예민한 사람들은 외부로부터 밀려드는 자극들만을 받아들이는 경우가 많다. 지각을 외부로 향하게 할수록, 우리는 그것에 쉽게 압도당하고 위험을 느낀다. 이러한 경험은 우리의 조심성을 더욱 키운다. 그러면 우리는 긴장해서 더욱더 지각을 밖으로 향하게 되고, 그럴수록 자극에 더 압도당하는 느낌을 받는다. 종종 이런 식의 악순환이 일어난다.

## 지각과 에너지

주의를 기울인다는 것은 곧 에너지를 그쪽으로 집중한다는 것을 의미한다. 그래서 누군가 나를 사랑스럽게 주목해주면 기분이 좋아진다. 아이들은 이런 에너지를 필요로 하고, 그 사실을 자연스럽게 흡수한다. "엄마, 이것 좀 봐요!"라고 외치며 자신에게 주의를 기울여주기를 요구한다. 아이들은 지치지 않고 주목을 요구한다. 심지어 말썽 부려서 받는 주목도 아예 주목을 받지 못해서 에너지를 얻지 못하는 것보다는 더 낫다고 여긴다. 그래서 주목에 대한 욕구가 채워지지 않으면 주목을 받을 때까지 계속 칭얼댄다.

어른들도 비슷하다. 하지만 성인이 되면 일반적으로 많이 주목을 받지 못한다. 자신들이 수고한 것에 대한 주목이나 공명이 부족한 경우가 많다. 괜한 갈등이 초래되거나 일이 삐걱

3장  나는 나를 보호할 권리가 있습니다

대어 힘 빠지는 느낌이 들 때, 사실 주목을 받지 못하고 에너지가 고갈되었기 때문인 경우가 많다.

주목을 받지 못한 채 계속 자신의 주의를 외부로만 향하게 하는 사람은 계속적으로 에너지를 잃어버리고 큰 에너지 출혈을 경험한다. 지각을 통해 장기적으로는 스스로를 약하게 만드는 셈이다. 지각과 주의력은 자신의 삶의 에너지를 조절하는 열쇠다. 지각을 의식적으로 다룸으로써 자신의 에너지 상태를 조절할 수 있다.

간단한 공식으로 말하자면, 지각을 자기 자신에게 기울여 중심을 잡는 동시에 바깥세상을 완전히 도외시하지 않는 법을 배워야 하는 것이다. 그러면 예민한 사람들도 비로소 크리스마스 선물을 사기 위해 붐비는 백화점을 돌아다니고, 시내 구경을 즐겁게 할 수 있을 것이다. 지각을 조절하면 에너지가 생기고, 스스로를 더욱 펼쳐나갈 수 있으며 더욱 즐겁게 살 수 있다.

## 수동적으로 경험되는 능동적인 과정

우리는 모두 지각을 학습했다. 이제는 의식하지 않고 자동적으로 진행되는 과정으로 자리 잡았다. 그래서 대부분 지각을 수동적으로 경험한다. 하지만 지각은 능동적인 행위라는 점을 명심하라. 이러한 지각을 변화시기키 위해서는 의식적인 결정이 필요하다.

바깥 세계의 자극들에 휘둘려 반응만 하는 데서 멈추지 말고 지각을 적절히 조절하는 법을 배워야 한다. 사실 특정 활동에 집중할 때 우리는 늘 지각을 조절하고 있는 것이다. 가령 지금 내가 노트북 앞에서 이 글을 쓰고 있는 시점에, 불과 몇 미터 떨어지지 않은 곳에서는 오래된 주택을 리모델링하기 위해 외장재들을 뜯어내느라 망치 소리가 요란하다. 내가 그쪽으로 주의를 돌리면 그곳의 소음이 귀에 시끄럽게 들어온다. 하지만 내가 일에 집중하면, 공사하는 소리는 더 이상 지각되지 않는다. 오로지 텍스트를 입력하는 자판 소리만 들릴 뿐이다. 심지어 평소에는 노트북에서 나는 팬 소리조차 의식하지 못한다. 다만 내가 그것에 생각이 미칠 때, 다시금 그 소리가 난다는 걸 알게 된다.

또 나는 일을 잠시 멈추고 책장 위의 시계가 똑딱거리는 소리를 듣는다. 그러다가 잠시 일어서서 창밖을 내다보고, 공사 현장의 소음을 지각한다. 하지만 이제 정원에서 지저귀는 지빠귀의 노래에 귀를 기울이기로 결정한다. 그러자마자 공사장의 망치 소리는 더 이상 들리지 않는다. 나는 고요한 숨소리를 느끼고, 기지개를 펴서 근육을 수축시켰다 이완시키고, 심호흡을 하고 다시 일에 집중한다.

## 마음 챙김 훈련과 예민한 사람들의 조화

앞의 글을 읽으며 독자들은 존 카밧 진Jon Kabat-Zin의 '마음 챙김mindfullness'을 떠올렸는지도 모른다(마음 챙김에 근거한 스트레스 감소Mindfulness-Based Stress Reduction라는 이름으로 알려져 있다). 그러나 내가 관심을 가지고 살펴본 결과, 예민한 사람들에게 '마음 챙김' 훈련은 잘 맞지 않는 듯하다. 중독 치료 클리닉을 통해 '마음 챙김' 훈련을 받은 예민한 사람들이 오히려 일상적인 삶을 제대로 살지 못하는 현상을 알게 되었기 때문이다.

그들은 그 훈련으로 인해 더욱 사람들을 기피하고 있었다("내 가장 친한 친구도 소용없다는 걸 느꼈어요."). 또 삭막한 세계를 더욱 싫어하게 된 나머지 이런 세상에서 생계 활동을 하는 것에 의미를 느끼지 못하기도 했다("이 일은 정말 의미가 없다고 느껴져요. 나의 본성에 맞지 않아요.").

평소에도 자신에게 과다한 부담을 지웠다가 때로는 모든 것을 다 내려놓고 물러나는 것 사이에서 방황하는 데 익숙한 예민한 사람들이 마음 챙김 훈련을 통해 갈등을 더욱 심화하는 경우가 많았던 것이다. 그들은 스스로를 보호하고 거의 아무것도 하지 않으려는 마음을 강화함으로써 오히려 과거의 갈등에서 헤어나오지 못하고 있었다.

그래서 나는 '마음 챙김' 훈련이 예민한 사람들에게 맞지 않는다고 결론을 내렸다. 마음 챙김이 오히려 거슬리는 자극들과 자신의 과민 반응을 더욱 강하게 지각하게 만들고, 이로 인해 오히려 더 괴롭고 과민해지는 악순환을 초래할 수 있다.

이런 딜레마에서 벗어나려면 무조건 '순진하게' 신체를 지각하는 것만으로는 충분하지 않다. 그래서 나는 한 걸음 더 나아간 방법을 제시한다. 즉, 예민한 사람들은 자신의 신체를 지각하는 것을 배워야 하며, 그것을 넘어 자신의 지각을 지각하는 것을 배워야 한다. 그러면 자극을 의식적으로 다룰 수 있다. 자극을 상대화시키고, 방향을 조종하고, 용량을 조절할 수 있다.

무엇보다 순수한 지각과 그 지각으로부터 말미암은 결론을 엄격히 구분하는 것이 중요하다. 가령 나는 일이 힘들고 스트레스를 불러일으킨다는 것을 지각할 수 있다. 하지만 그럼에도 내일 다시 일하러 가기로 할 수 있다. 월세를 부담해야 하고 월세를 부담할 다른 해결책이 아직 없기 때문이다.

### 지각은 상대적인 것

동일한 상황에 있는 사람들이라도 결코 모든 사람이 똑같은 것을 지각하지 않는다. 두뇌는 추상적인 자극을 받아들여, 현실에 대한 감각적 인상들을 만들어낸다. 이때 아무리 예민하다 해도 주어지는 모든 자극을 고려할 수는 없다. 그러기에는 자극이 너무 많기 때문이다. 두뇌는 자극들 중에서 중요해 보이는 것들만 걸러서 들여보낸다. 지각의 필터, 의도, 가정, 가치관이 다르면 똑같은 상황, 똑같은 조건에서도 세상을 다르게 볼 수 있다.

지각은 절대로 객관적이지 않다. 호감을 가지고 있는 이웃이 잔디 깎는 기계를 돌리는 소리는 우리에게 별로 거슬리지 않는다. 반면 싫어하는 이웃이 잔디를 깎는 소리는 정말로 거슬린다. 지각은 우리의 관심사와 기대, 바람, 욕구, 지식, 경험, 과거, 이론, 개념, 프로그램, 가치관, 의미의 영향을 받지 않을 수 없다.

—

삶의 에너지를 건설적으로 다루는 것에 관해 세미나를 하고 있는데 참가자들이 갑자기 웅성거렸다. 그러더니 한 여성이 내게 약간 날카로운 음성으로 복도에서 나는 소리가 너무 거슬린다며 좀 조용히 해달라고 주의를 주어야 하는 것이 아니냐고 건의했다. 시끄러워서 전혀 집중을 할 수가 없다는 것이었다.

나도 물론 복도에서 소리가 난다는 것은 알았으나 그다지 주목하지 않고 있었다. 그것은 아이들이 복도를 거쳐 이웃한 세미나실로 들어가고 있는 소리였기 때문이다. 나는 참가자들에게 지금 아이들이 복도를 거쳐 옆 교실로 들어가고 있다는 말과 함께 한 시민 단체 회원들이 외국에서 온 아이들을 돕기 위해 자원 봉사로 무료 독일어 수업을 해주고 있다고 설명해주었다.

내가 이렇게 설명을 해주자, 소음의 정체를 알게 된 참가자들은 이제 마음이 누그러져서, 더 이상 아이들의 소리를 불편하게 느끼지 않게 되었다. 아이들이 재잘대는 소리에서 삶의 에너지가 느껴진다고 하는 나의 말도 긍정적인 영향을 미쳤을 것이다. 나는 아이들에게 공감해주고, 그들의 즐거움에 마음을 보태면 우리도 에너지로 충만해질 거라고 말했다.

—


## 머릿속의 함정들

우리는 정적인 자극보다 동적인 자극을 더 강하게 지각한다. 빠르게 움직이는 것일수록 더 강하게 지각한다. 강아지와 함께 산책하는 사람들은 강아지들이 벤치에 앉아 있는 사람들보다 조깅을 하고 있는 사람들에게 더 관심을 보인다는 것을 알 것이다.

또한 두뇌는 이미 알려진 자극보다는 새로운 자극에 더 강한 반응을 보인다. 우리 조상들은 이러한 두뇌의 메커니즘의 도움을 받아 변화와 새로운 위험을 적시에 지각하고, 뜻밖의 먹거리들을 신속하게 발견해 생존할 수 있었다. 나아가 뇌는 새로운 자극들을 능동적으로 추구한다. 그러나 요즘처럼 정보가 홍수를 이루고, 변화의 속도가 빠른 시대에 두뇌의 이런 작동 방식은 우리를 함정에 빠지게 할 수 있다.

사람들은 내게 이런 말을 한다. 퇴근 후에 집에 가서 무조건 휴식을 취하려고 했는데, 저녁을 먹자마자 자신도 모르게 텔레비전을 켜고는 시끄러운 자극들을 받아들이고 있더라고 말이다.

## 방해하는 자극들의 무의식적인 강화

등산을 하고 있다고 상상해보라. 저 멀리 아름다운 산맥이 보이고, 공기는 아주 상쾌하다. 당신은 심호흡을 하고 다리에 힘을 느끼며, 새들이 지저귀는 소리와 소의 목에 달린 방울 소리를 듣고, 꿀벌이 꽃을 찾아 날아다니는 모습을 바라본다. 간식으로 가져온 빵을 맛있게 먹으며 행복감을 느낀다.

하지만 얼마 후 당신에게 한 가지 자극만이 계속 거슬리게 다가오자 다른 것들은 모두 사라진다. 새들이 날카롭게 지저귀는 소리, 계속 울리는 소의 방울 소리, 꿀벌이 윙윙거리는 소리가 신경을 자극한다. 오랜만에 신은 등산화 때문에 왼쪽 발뒤꿈치에서 통증이 느껴진다. 당신은 통증을 느끼며, 한껏 짜증이 난 상태에서 산악철도 역으로 어기적어기적 발걸음을 재촉한다.

우리를 방해하는 자극들은 우리의 신경계를 통해 강화되어 무시하기 힘들다. 그러면 우리는 거슬리는 지각을 떨쳐버리기 위해 어떤 조치를 취한다. 이것은 매우 중요하지만 좀처럼 이런 자극들로부터 벗어나지 못할 수도 있다. 원인들을 제거하지 못한 지각이 우리를 거스를수록 우리가 더욱더 강하게 그것들을 지각하기 때문이다.

예민한 사람들은 무의식적으로 자극들을 강화시키는 경우가 많다. 그로 인해 힘들기 때문에 더욱 그런 자극들을 막고자 한다. 그러면 자극들은 그들에게 더 강한 영향을 미치고, 그들은 더욱 줄기차게 이런 자극들을 거부한다. 이러한 자극과의 관계를 인식하면 삶의 변화를 모색할 수 있다. 바로 이러한 메커니즘을 인식할 때, 우리를 방해하는 자극에 휘둘리지 않고 살 수 있다. 변화를 위해 가장 중요한 것은 싫지만 바꿀 수 없는 것들을 그냥 받아들이는 것이다.

자신의 예민한 성향을 다스리기 위해서는 사람이나 삶의 상황을 있는 그대로 받아들이고 인정하는 정신적 성숙이 필요하다. 물론 조화와 균형, 완벽을 추구하는 예민한 사람들에게 이것은 쉬운 과제가 아니겠지만 말이다.

3장 나는 나를 보호할 권리가 있습니다

# 자극으로부터
# 중심 잡기

|

**중심을 잡기 위한 간단한 연습을 시작해보자.**

---

☐ 이 순간 당신이 지각하고 있는 것은 무엇인가? 그
  것을 기록해보라.

☐ 시각, 청각, 촉각, 미각, 후각 중 어떤 감각을 활용
  하여 무엇을 지각했는가?

☐ 지금 지각한 것을 스스로 묻고 그것을 기록해보면,
  사실은 다른 자극들도 있었다는 것을 지각하게 된
  다. 자극들 가운데 선택할 수 있다는 것을 알게 된다.

☐ 당신이 지금 무엇을 지각하고 있는지 다시금 지각
  해보라. 그리고 기록해보라.

□ 외부로부터 오는 자극과 자신에게서 지각되는 자극을 구분해보라. 자기 자신에게서 지각되는 것은 무엇인가?

□ 자신의 신체 지각에 점점 더 집중하면서 무슨 일이 일어나는지 지각해보라. 자기 자신에게 집중할 때 외부 자극들은 어떻게 되는가?(자신의 신체 느낌을 지각하는 것이 어려운가? 그렇다면 이것이 평소 당신의 지각 습관들을 보여주는 것이다.)

□ 자신의 내부에 초점을 맞추어라. 자기 자신에게서 어떤 것들을 지각할 수 있는가?

□ 스스로를 더 많이 지각하면 어떤 느낌이 드는가?

□ 그렇다면 이제 당신이 지각하지 않았던 것들은 무엇인가?

---

이런 연습을 통해 당신은 어떤 시점에 당신이 지각한 것보다 훨씬 더 많은 자극이 존재한다는 것을 알 수 있다. 당신은 당신이 지각한 것이 아닌 다른 자극들을 지각할 수도 있었을 것이다. 하지만 당신이 지각한 것을 위해 다른 자극들을 포기한 것이다.

지각은 걸러내기 과정이다. 한순간 지각할 수 있는 자극의 양은 한정되어 있기 때문에 특정 자극을 지각하려면 여타 자극을 지각하는 걸 포기해야 한다. 연구에 따르면 한순간에 지각할 수 있는 자극은 평균 7(±2)개라고 한다. 지각할 수 있는 양이 제한된다는 것은 예민한 사람들에게도 예외가 없다(예민한 사람들은 좀 더 많은 자극을 지각할 수 있지만, 그들에게도 역시 그 양은 제한되어 있다). 그러므로 당신은 자극들을 스스로 선택해 지각을 조절할 수 있다.

가령 이런 연습을 해보자. 나는 지금 이 책을 보며 텍스트를 읽고 그에 대한 나의 생각들을 지각한다. 그리고 유쾌한 온기와 내 배 위에 누운 고양이의 무게, 고양이의 그르렁거림과 나 자신의 깊은 호흡을 느낀다. 그러면 거리를 오가는 자동차들의 소음은 어느새 지각되지 않으며, 그 소음으로 인해 더 이상 방해받을 필요가 없다.

이런 연습을 몇 번 했다면, 야외에서도 시험해볼 수 있다. 지각을 외적 자극과 내적 자극으로 나눈 다음, 지각의 일부를 자기 자신에게 머물게 하면, 붐비는 시내를 돌아다니는 경험은 전혀 달라질 것이다. 자신의 호흡과 배, 근육의 힘을 느끼며, 눈에 띄지 않지만 효과적인 변화에 대해 즐거워할 수 있을 것이다. 이제 외부의 자극에 더 이상 무방비 상태로 맡겨져 있지 않으며, 자극들을 선택하고 그 양을 조절할 수 있다.

스스로의 상태를 지각하지 않은 채, 주의력을 바깥으로만 향하면 에너지가 자신에게 머물지 못한다. 그러면 에너지 관리에 문제가 생긴다. 그런 식으로 살아가면 에너지 출혈이 커지고, 중심을 잃게 되며, 스스로를 중심에 놓고 있지 못하기 때문에 쉽게 자신을 무시하게 된다. 그리하여 한계를 훌쩍 넘어버리게 되고, 삶에서 제대로 자리매김을 하지 못하고, 존중받지 못하는 일이 일어난다.

—

**엘리자베트**(세미나 참석자) "지각을 조절해서 나에게 집중한 뒤부터 집에서 키우는 말이 나를 대하는 태도가 달라졌어요. 나를 더 존중하고 내 말을 더 잘 들어요. 나를 더 잘 따라오고요. 식당에서 음식을 주문하려고 할 때도 마찬가지예요. 이전보다 사람들이 나를 더 존중하는 것 같아요. 여덟 살짜리 우리 아들까지도 내가 이야기를 할 때 내말을 더 귀담아들어요."

—

의식적인 지각을 통해 스스로를 중심에 놓는 연습은 이 책에서 나오는 다른 에너지 관리 방법을 실행하기 위한 기본 전제다. 그러므로 가능하면 하루에 여러 번 자신의 주의를 자신의 내부로 향하게 하는 훈련을 하라. 자신의 신체 느낌, 자신의 동작, 자신의 에너지 수준 등에 주의를 기울여라. 단 몇 순간만이라도 말이다.

3장  나는 나를 보호할 권리가 있습니다

# 나를 보호하는
# 경계 짓기

|

경계는 그 자체로 목적을 갖지 않는다. 하지만 경계는 자신에게 속한 구역과 자신만의 영역을 보호하는 역할을 한다. 우리 각자는 자신만의 영역을 가지려고 하고, 스스로 자유롭게 그런 영역을 결정하고자 한다. 그리고 그 영역에 대해 책임을 지고자 한다. 그러므로 경계를 그을 때 중요한 것은 경계 자체가 아니라 자신의 구역을 보호하는 것이다.

원래 경계라고 하는 것은 한 구역에서 다른 구역, 혹은 자유로운 영역으로 넘어가는 과도적인 지역을 의미한다. 울타리나 국경을 떠올리면 쉽게 이해가 될 것이다. 이처럼 우리의 경계도

우리 자신의 구역에서 다른 사람의 구역이나 밖의 넓은 지역
으로 넘어가는 과도적 지점이다. 그러므로 경계는 자신과 다
른 사람과의 관계, 자신과 외부 세계와의 관계, 또 자신과 자
기 자신과의 관계를 결정한다.

과도적인 지역에서는 늘 긴장과 갈등이 있는 법이다. 그러
므로 자신의 경계를 잘 알고, 지각하고, 존중할 준비가 된 사
람이나 경계를 표시하고 방어할 용기와 힘이 있는 사람은 다
른 사람과 조화롭게 살 수 있고, 자기 자신과 평화롭게 지낼
수 있다.

자신의 경계를 지각하고 존중하는 것은 자신을 과도한 부
담으로부터 보호해주며, 자신이 가진 힘에 알맞게 자신을 펼
치고 성장할 수 있도록 해준다. 그래서 자신이 감당할 수 있
는 삶의 자리에 있도록 해준다.


## 자신의 한계를 파악하고 인정하기

한계가 있다는 생각은 그리 좋은 생각은 아니다. 요즘 사회
분위기에서는 경계를 설정하고 선을 긋는 것이 마치 편협한
것처럼 여겨진다. 오히려 무한한 가능성에 대한 환상이 판을
치는 세상이다. 모든 것이 가능하도록 해야 할 것 같은 강박
관념에 빠질 뿐만 아니라 몸이 따라주지 않는 경우에는 죄책
감을 느끼기도 한다. 자신에 대한 불만족감으로 인해 더욱 스

스로를 다그치고, 마음이 계속 다른 곳으로 향하는 일이 발생한다.

현대사회에는 마음만 먹으면 모든 것이 가능할 것 같은 무한한 환상에 사로잡혀 현실에 뿌리박지 못하고 살아가는 사람들이 많다. 무제한에 대한 이데올로기는 최고에 도달하지 못하면 충분히 노력하지 않은 것으로 치부해버릴 뿐이며, 오로지 강한 사람과 성공한 사람을 두둔하는 이론에 불과하다. 예민한 사람들도 이런 생각에 쉽게 유혹당할 수 있다. 물론 선을 긋고 경계를 설정하는 것을 어려워하는 예민한 사람들이 이런 생각 속에 있으면 기존의 어려움은 더 가중될 수밖에 없다.

하지만 자신의 경계는 어디일까? 스스로를 지각하지 못하고, 늘 바깥으로만 주의를 돌리며 살았던 예민한 사람들 중에는 자신의 경계를 잘 알지 못해서 스스로를 존중할 수도 없고, 다른 사람에 대해 자신의 경계를 지킬 수도 없는 사람들이 많다.

그들은 스스로에게 지나친 부담을 주거나(과잉 부담), 부담을 지나치게 주지 않는다(과소 부담). 그러다 보니 종종 다른 사람으로 하여금 자신의 경계를 침해하게 하거나, 자신의 의도와는 별개로 다른 사람들의 경계를 넘어 그들의 구역을 침범하게 된다.

늘 안절부절못하며 적응하느라 자신과 자신의 신체를 지각하지 못했던 예민한 사람들은 자신의 경계가 어디인지를 알지 못한다. 그들은 모든 곳에 관심을 갖는 것 같지만, 정작 자신의 신체에는 관심을 갖지 않는다. 그래서 스스로를 힘들게 하고, 한계를 훌쩍 뛰어넘은 후에야 신체를 감지하는 경우가 많다. 이때 신체는 통증과 증상의 형태로 지각된다. 이런 식의 신체 지각은 결코 바람직하지 않다. 평소에 자신의 신체를 민감하게 지각하는 것만이 자신과 자신의 경계를 깨닫고, 지켜내는 데 도움이 된다는 점을 잊지 말아야 한다.

예민한 사람들 중에는 공명심이 강한 사람들이 많다. 그들은 완벽을 추구하고, 늘 좋은 소리를 듣고 싶어 하는 욕심 때문에 자신의 한계를 한참이나 넘어서도록 유혹당한다. 하지만 그것을 적시에 알아채지 못하고 가진 힘을 다 소모해버린다.

이런 식으로 자신을 혹사시키다 보면 당연히 통증과 같은 부작용이 찾아온다. 약한 경우에는 불쾌감으로 갑작스럽게 찾아온다. 그러면 어쩔 수 없이 자신을 보호할 수밖에 없다. 기운이 나지 않고 도무지 무엇을 할 엄두가 나지 않으며, 매사가 너무나 부담스럽고 힘들게 느껴진다.

그러면 예민한 사람들은 세상과 세상의 요구 앞에서 자신의 문을 걸어 잠근다. 자신의 경계보다 한참 뒤로 물러나서 자신의 구역 안쪽에 머물면서 앞의 영역들을 포기한다. 그러고는 그 영역을 더 이상 보호하거나 가꾸지 않는다.

이런 문제를 해결하는 길은 조심스럽게 행동하고, 자신을 마치 아기를 보호하듯 과잉보호하고, 보호막으로 감싸고, 부당한 세상으로부터 멀찌감치 떨어져서 지내는 데 있지 않다. 물론 스스로 과도한 스트레스를 주어서도 안 될 것이다.

해결책은 자의식을 가지고 성숙한 태도로 스스로를 조절하는 것뿐이다. 자신의 신체 상태와 에너지 비축 상태, 자신의 자원, 한계를 지각하지 않고는 자신을 조절하는 것이 불가능하다. 자신을 지각하고 앎으로써 힘 있고 능력 있는 상태를 유지할 수 있다.

## 누가 경계를 정하는가

경계 설정에 대해 이야기하면, 경계를 임의로 그을 수 있다고 생각하는 사람들이 있다. 그들은 자신의 바람이나 숙고를 통해 자의적으로 경계를 정할 수 있다고 여긴다. 하지만 그렇지 않다. 경계는 실제적인 것이다. 자신의 능력과 자신이 가진 힘이 경계를 정한다. 내가 어디까지 갈 수 있을까? 어느 정도 양의 일이 내게 적당할까? 어떤 지점부터 그것이 과도한 스트레스가 되어 내게 부정적인 영향을 미칠까?

경계를 실제보다 좁게 설정하면 우리는 스스로를 미약하게 만들게 된다. 스스로를 약화시키고, 자신의 가능성에 한참 못 미친 상태로 지내게 되는 것이다. 그러면 인생이 지루해진다. 에너지가 흐를 수 없고, 스스로 성장해나갈 수가 없다.

반대로 경계를 실제보다 넓게 설정하는 경우에는 스스로에게 과도한 요구를 하는 셈이다. 활시위를 너무 팽팽하게 당기는 것이고, 다시금 스스로를 무력하게 만든다. 과도한 부담을 주면 결과적으로 무리하게 되어, 우리가 경계보다 한참 뒤에 머물러야 하는 경우가 초래되기 때문이다.

가장 이상적인 것은 경계 바로 직전까지 가는 것이다. 경계 바로 직전까지의 영역이 가장 매력적인 영역이다. 그것은 우리가 능력을 최대로 발휘할 수 있는 영역이며, 최대로 충만하게 살 수 있는 영역이다. 이런 영역에서만 우리는 자신의 한계를 넓힐 수 있고 성장할 수 있다. 바로 이런 영역에서 스스로를 능가할 수 있는 '플로우Flow'와 같은 현상이 나타난다.

—

**마크(사회교육학 전공, 23세)** "근육을 좀 키워보려고 했는데 쉽지 않았어요. 나는 헬스클럽에서 계속 무리하면서 한계를 뛰어넘었어요. 그러고 나면 한동안 쉬어야 했죠. 근육통이 생기고 인대가 늘어나 치료를 받아야 했어요. 치료가 끝난 뒤에는 그동안 운동을 쉰 것을 만회하기 위해 다시금 스스로에게 과도한 부담을 주었죠. 이제 나는 과도한 요구에 스스로가 어떻게 의도적으로 방해 반응을 하는지를 알게 되었습니다."

—

지식과 능력의 경계든, 신체 부담과 신경 부담의 경계든, 자극 지각의 경계든 간에 경계를 지각하고 인정하고 지킬 때에만 조화로운 성장이 가능하다. 이렇게 해야 비로소 경계가 확장될 수 있다. 이때 비로소 과부하와 과부담을 주거나 강함에 대한 환상을 갖지 않고, 스스로의 약함을 과대평가하지도 않는다.

—

**마리아(세미나 참석자)** "저는 직업적인 이유로 세미나에 참가했다가 긍정적인 부작용을 경험했어요. 의식적으로 나 자신의 경계에 주의를 기울이고, 너무 무리하지 않게 되자, 나는 남편과 함께 밖에서 꽤 오랜 시간을 보낼 수 있었어요. 더 이상 전처럼 이명이 들리거나, 갑자기 피곤이 몰려와서 남편의 파티를 망쳐놓는 일이 없었죠. 나는 나의 경계에 신경을 쓰고, 긴장을 풀고자 노력해요. 그랬더니 억지로 노력하지 않아도, 그냥 더 편안하게 있게 되더라고요. 역설적이에요. 나는 스스로를 돌봄으로써 좋은 컨디션으로 있게 되었어요. 그러면 남편도 마찬가지로 좋은 컨디션으로 있지요. 나는 이제 무조건 남편에게 맞춘 다음 나중에 화를 내는 식의 행동을 하지 않아요. 시기적절하게 나를 챙기지요. 우리는 요즘 덜 부딪치고, 서로 더 만족스럽게 지낸답니다."

—

타고난 민감성을 활용해 자신이 어디까지 나아갈 수 있는지 그 한계를 정확히 인지하고, 일찌감치 섬세한 신호를 감지하면 좋을 것이다. 섬세한 신호가 당신이 어디까지는 괜찮고, 어디서부터 무리를 하고 스트레스를 받기 시작하는지를 알려줄 것이다.

## 신체는 경계를 안다

머리로 생각하는 건 별로 좋지 않다. 머리는 경계에 대해 여러 가지 생각을 할 수 있다. 우리가 어디쯤에 경계 설정을 해야 할지에 대한 이런저런 생각을 할 수 있고 이론적으로 분석할 수도 있다. 하지만 머리로는 우리의 경계가 어디인지 잘 알 수 없다. 오히려 그 반대다.

머리로 이론을 숙고하는 것은 자꾸 착각을 불러일으킨다. 또 의도는 좋지만 자꾸 자신의 경계를 넘어서게 하거나, 경계

3장 나는 나를 보호할 권리가 있습니다

에 한참 못 미치는 상태로 살아가게 하며, 다른 사람이 경계를 침범할 때도 제어할 수 없게 한다.

머리는 자꾸 당위성을 이야기하거나, 할 수 있다고 용기를 불어넣는다. 지금까지도 잘해왔지 않냐고 다그치거나, 다른 사람들과 비교를 하게 만든다. 이런 식의 생각은 우리의 경계를 무시하는 사고방식이다.

마음과 감정도 경계를 인지하고 지키는 데 도움이 되지 않는다. 우리의 마음은 자꾸 우리로 하여금 경계를 확장하고 한계를 넓힐 것을 종용한다. 다른 사람들과 연결되는 다리를 놓게 하고, 초월성을 지향하게 한다. 다른 사람에게 감정이입을 하게 만들고, 우리를 박애적인 사람으로 만든다.

즉흥적으로 마음의 이야기를 듣는 사람들은 자신의 경계를 넘어 무리하게 스스로를 희생하는 경우가 생긴다. 이런 희생이 중요하고 숭고한 것인지, 무가치하고 헛수고에 불과한 것인지, 바람직한 것인지 그렇지 않은 것인지와 무관하게 말이다.

우리의 경계가 어디인지를 아는 유일한 존재는 바로 우리의 신체다. 그중에서도 특히 우리의 배다. 배는 우리가 스스로에게 얼마나 많은 돌을 얹어놓을 수 있는지, 어느 돌부터 부담이 될 것인지 구체적으로 말해준다. 몇 숟가락을 먹으면 배가 부르고, 몇 숟가락째부터 우리에게 해로울지 정확히 표시한다. 우리가 컴퓨터 앞에 얼마나 오래 앉아 있을 수 있는지, 건강과 능력을 유지하기 위해 언제 휴식을 취해야 할지 말해준다. 물론 우리가 다치거나, 컨디션이 안 좋거나, 눈이 화끈거리거나, 등이 아프거나 할 때에야 신체를 지각하는 것이 아니라, 늘 제때에 신체를 지각한다는 전제하에서 말이다.

경계를 존중하고 지키고 보호하기 위해 우리는 중심을 잘 잡아야 한다. 지속적으로 신체와 접촉하는 것이 필요하다. 신체를 센서로 활용해야 한다. 예민한 사람들 중에는 바로 이 부분에서 부족한 사람들이 많다. 소속감, 인정, 평판 때문에 다른 사람들에게 맞춰주느라 자신의 신체 지각을 잃어버린 사람들이다.

### 정신적인 경계 설정

경계 설정에는 여러 차원이 있다. 정신적인 면에서, 의사소통 면에서, 에너지 면에서 선 긋기를 할 수 있다. 하지만 의사소통과 에너지 면의 경계 설정은 구체적인 상황 가운데 살펴보아야 하므로, 이 책에서는 정신적인 경계 설정에 초점을 맞추어보도록 하겠다.

### ┗ "이것이 과연 나의 감정일까?"

감정과 기분은 전염되는 경향이 있다. 그래서 스스로 중심을 잡지 못하고 경계 설정을 못하는 경우 다른 사람들의 기분과 감정에 전염될 위험이 있다. 정신적인 경계 설정을 위해서는 다음과 같은 단순한 질문으로 충분하다. "이것이 과연 내 감정일까?"를 물어보라. 그러고는 당신 자신은 어떻게 느끼는지, 어떤 감정을 갖고 싶은지 물어보라. 하루를 보내며 계속해서 이 질문으로 돌아가라. 이 질문을 포스트잇에 적어서 잘 보이는 곳에 붙여두면 질문을 기억하는 데 도움이 될 것이다.

### ┗ "이것이 과연 나의 생각일까?"

예민한 사람들은 다른 사람들의 생각과 견해를 쉽게 받아들이는 경우가 많다. 다른 사람들이 정신적으로 우리를 '물들이는' 것이다. 여기서도 자신의 생각과 시각, 입장이 무엇인지를 구분하는 것이 중요하다.

자신의 입장을 분명히 하면 다른 사람들의 입장, 관심사, 태도, 견해들을 더 열린 마음으로 확인할 수 있다. 그러면 자기 자신을 잃어버리지 않으면서 다른 시각과 견해를 만남으로써 자신의 시각과 사고방식을 확장시키거나, 더 날카롭게 다듬을 수 있고, 현실에 대해 더 성숙한 시각을 가질 수 있다.

자신의 생각을 특정한 색깔로 그려보는 것도 도움이 될 것이다. 그러면서 당신의 마음을 스쳐 지나가는 많은 생각의 파편을 의식적으로 지각하면, 자신의 생각과 외부에서 들어온 생각을 더 쉽게 구분할 수 있다.

##### ㄴ "이것이 과연 나의 신체 느낌일까?"

예민한 사람 중에는 부지불식간에, 원하지도 않으면서 다른 사람들의 신체 자세, 신체 느낌, 불쾌감을 받아들이는 사람들이 많다. 여기서도 자신의 신체 느낌을 지각하고, 진짜 자신의 느낌과 외부로부터 온 느낌을 의식적으로 구분하는 연습을 해야 한다.

---

### 공감을 조절하기

다른 사람에게 공감하고 감정이입을 할 때 어느 정도가 적당한지 점검해야 한다. 상대와 상대의 상태를 이해하고, 상대에게 관심을 표현하기 위해 어느 정도의 공감은 중요하다. 하지만 어디서부터가 쓸데없는 공감인지 분별해야 한다. 어떤 기준으로 공감을 하고 있는지도 물어야 한다!

또 힘들고 약해진 사람에게만 꼭 공감을 해야 할까? 한 번쯤은 행복하고 즐겁고 힘 있고 건강한 사람에게 공감을 하며 그의 신체 느낌과 신체 자세를 받아들이는 것은 어떨까?

## 에너지를 관리하기

자신의 경계를 너무 좁게 설정하면 우리는 무력해지기 쉽다. 구역이 너무 좁으면 쉽게 따분해지고, 행복감을 느끼지 못한다. 자신이 정복할 수도 있는 바깥 세계에 대한 동경만 키우게 된다.

반대로 경계를 너무 넓게 설정하면, 그 역시 우리를 무력하게 만든다. 너무 힘들고 무리가 되기 때문이다. 우리가 지켜낼 수 없는 영역에서 불안을 느끼고, 확장된 한계를 감당할 수 없는 기분을 느낀다. 스스로가 자신의 영역을 감당할 수 없을 때, 다른 사람들 역시 우리의 영역을 미심쩍게 바라보고 문제를 삼게 된다. 우리의 경계가 우리의 손길이 닿지 못할 만큼 멀면, 우리는 다른 사람들에게서 분리되고 고립될 수 있다.

경계가 전혀 없는 듯한 삶을 살면 과다하게 에너지를 소모하게 되고, 에너지를 충전할 수 없다. 그래서 무한한 가능성의 세계는 우리에게 심한 스트레스가 될 수 있는 것이다. 적절한 경계로 둘러싸인 영역만이 우리에게 힘과 지지를 제공해줄 수 있고, 에너지를 집중하게 할 수 있다.

적절한 경계는 우리가 행복하게 사는 데 도움이 된다. 다시 말하지만 신체만이 우리가 지금 잘 지내고 있는지를 지각할 수 있고, 신체만이 우리의 경계가 어디인지를 말해줄 수 있다. 머리는 알지 못하며, 감정도 별 도움이 되지 않는다. 우리의 경계는 동시에 우리의 힘이 어디까지 미칠 수 있는지를 말해주는 것이다.

## 행동에서의 자기 경계

부적절한 경계 설정은 스스로를 혹사시키거나 반대로 너무 따분하게 만드는 방식을 초래할 수 있을 뿐 아니라, 종종 에너지를 투입해도 전혀 성과가 없게 만들기도 한다.

경계 없는 광활한 공간에서는 에너지가 사라지고, 동기 부여를 잃게 된다. 그러므로 자신의 노력이 결실을 맺으려면 행동 영역의 경계를 잘 만들어야 한다.

# 타인과 세상을 향한
# 첫걸음


|

예민한 사람은 경계를 넘어설 때 매우 급진적으로 변하기도 한다. 평소의 태도가 180도 변할 수도 있다. 방금 전까지 아주 예민하게, 감정이입을 잘하고, 남을 잘 도와주고, 배려하고, 사려 깊고, 신중하고, 이해심이 많고, 자비롭고, 관용적이고 예의 바르고 섬세한 사람이었는데, 전혀 다른 사람처럼 변하는 것이다. 중성적인 태도를 취하게 되는 것이 아니라 이전과는 완전히 반대로 행동한다. 그래서 완전히 둔감한 사람 같은 행동을 보인다. 자신의 경계를 넘어선 예민한 사람보다 더 둔감한 사람은 별로 없을 것이다!

이런 변화는 예민한 사람들이 시간이 흐르

면서 차츰 자신의 경계를 한참 넘어섰거나 다른 사람이 자신의 경계를 침해했음을 깨달았을 때 일어난다. 이런 경우 그는 오래전에 막다른 골목에 이른 상태고, 더 이상 지금까지 행동했던 것처럼 진행할 수 없는 상태다. 참을성의 한계에 다다랐고, 마음속에서 견딜 수 없는 긴장과 분노가 느껴진다.

그러면 이제 시각이 좁아지고, 그의 눈에는 모든 것이 위험해 보이기 시작한다. 영문을 모르는 경계 침입자가 스스로를 공격하는 적으로 보이고, 이제 중요한 것은 단 하나, 살아남는 것뿐으로 여겨진다. 그래서 자제심을 잃고 화를 내고 좌충우돌하게 된다.

---

### ⌐ 과제에서의 경계 설정: 무엇이 나의 과제일까?

예민한 사람들은 자신의 과제보다 다른 사람들의 과제를 더 쉽게 해결해주는 경우가 종종 있다. 나는 오로지 내 과제에 관여해야 한다. 다른 사람들의 일은 굳이 우리가 해결해주어야 하는 것이 아니다. 혹시 우리가 다른 사람들이 자신의 과제를 해결하는 걸 방해하고 있지는 않은가?

나의 도움이 누구에게 도움이 되고, 누구를 성장시키고 있는지 자문해보라. 나의 도움이 누군가에게 쓸모가 있다고 해도 어느 정도까지 도와주어야 하는지 생각해보라. 다른 사람이 나의 이런 기여 내지 도움을 진정으로 바라고 있을까? 만약 바라고 있다면 어느 정도까지 바랄까? 다른 사람들을 돕다가 정작 나의 일을 잃어버리고 있는 게 아닐까? 피할 수 없는 과제를 기피하고 있지는 않은가?

### ∟ 시간적 경계 설정: 지금 중요한 것은 무엇일까?

예민한 사람들은 여러 가지 일들에 신경을 쓰다 보니 그 가운데 스스로를 잃어버릴 때가 많다. 가령 미래의 일들을 꿈꾸거나 걱정하고 두려워하면서, 또는 과거로 도피하면서 지금 우리 앞에 놓인 과제들에 집중하지 못할 때가 많다. 이럴 때 필요한 것이 바로 시간적 선 긋기다. 시간적 경계 설정은 현재에 충실하면서 미래를 만들어가는 데 중요하다.

가령 일요일에 쉬면서 머릿속으로 계속 월요일에 해야 할 일을 생각하며 신경을 쓰는 사람이 있다. 그는 스스로에게 몰입하는 것이 불가능하고, 심신을 제대로 회복하지 못해서, 월요일의 과제에도 제대로 대처하지 못하게 된다.

"지금 중요한 것은 무엇일까? 지금은 무엇을 해야 하지? 이 일은 어느 정도의 시간이 필요할까?"를 물어야 한다.

### ∟ 공간적 경계 설정: 여기서 중요한 것은 무엇일까?

예민한 사람들은 자신이 지금 있는 곳에 에너지를 쏟지 못하고, 다른 곳에 에너지를 향하고 있을 때가 많다. 현 상황을 있는 그대로 받아들이지 못하기 때문이다. 현재 자신이 있는 자리에 제대로 자리매김을 하지 못하는 사람들은 어느 곳에서도 제대로 자리매김을 하지 못하고 영향력을 미치기가 어렵다.

중요한 것은 자신이 위치한 영역에서 공간적 경계 설정을 하는 것이다. 지금 이곳에서 출발해야 그 이상으로도 나아갈 수 있는 법이다. 바로 내 앞에 놓인 과제가 무엇인지 물어보라.

---

예민한 사람들이 늘 폭발하는 것은 아니다. 그러나 때로 폭발할 수 있다. 정체된 에너지를 밖으로 분출시킬 수 없을 때도 그들의 상태는 변하게 된다. 뭔가 씁쓸해지고, 실망스럽고, 속은 기분이 들고, 혼자라는 느낌이나 버림받은 듯한 느낌이 든다. 그러면 이제 극도의 스트레스를 받게 되고, 굉장히 단순한 도식으로 생각하고 반응하게 된다. 내 편이냐 네 편이냐, 흑이냐 백이냐, 나를 위하지 않는 사람은 내게 반대하는 사람이라는 식의 논리에 지배당한다.

이런 순간에 예민한 사람들은 그동안 쌓아온 인간관계를 무너뜨리고, 문을 박차고 다리를 끊어버리고 나올 위험이 있다. 때로 이런 변화는 주변 사람들이 거의 인식하지 못하게 아주 조용하게 일어나기도 한다.

자신에게 충실하지 못하고 스스로를 지각하지도 못하기

에, 자신의 경계를 알지 못하고, 그것을 표시하거나 지키지도 못하는 사람들, 그래서 스스로 무리하거나 다른 사람들이 자신의 구역에 너무 가까이 접근할 때 자신에게서 슬그머니 일어나는 불안감과 불쾌감의 첫 징조들을 제대로 깨닫지 못하는 사람들은 시간이 흘러 부작용을 간과할 수 없게 되면 자신에게 내재해 있는 공격성을 주체하지 못하게 된다.

처음에 공격성은 뭔가 '스멀스멀거리는' 불쾌감과 불안으로, 혹은 속이 답답하고 옥죄는 느낌으로 나타나지만 그것을 제때에 알아차릴 수 없을 때가 많다. 그러다 이제 공격성이 극에 달하면 감정을 폭발시키고 화를 내게 된다. 하지만 그런 다음에는 자신의 행동을 후회하기 급급하며 다른 사람을 더욱더 이해해주고 잘해주려 한다. 당연한 수순처럼 말이다. 결국은 모든 것을 다시 만회하고 싶기 때문이다. 그런데 그러다 보면 더욱 자신에게 충실하지 못하고 자신을 무시하게 되며, 자신의 경계를 보호하지 못하는 일이 일어난다. 이런 식의 만회 행동은 다음에 또다시 감정 폭발로 이어질 위험이 높다.

---

우리 스스로 혹은 다른 사람이 우리의 경계를 넘어 우리의 구역을 침범했을 때 우리는 어떤 태도를 취할까? 각자 개인적인 방식이 있을 것이다. 이와 관련한 구체적인 상황을 떠올려 보고, 그 상황에서

자신이 어떻게 반응하는지 정확히 관찰해보라.


- □ 당신은 언제 당신의 경계가 침범당했음을 알았는가?
- □ 어떤 부분에서 그것을 깨달았는가?
- □ 그것을 깨닫기 전에 무엇을 지각했는가?
- □ 그것을 깨닫기 전에 무슨 생각을 했는가?
- □ 어떤 태도로 그런 생각을 했는가?
- □ 그것을 깨닫기 바로 전에 어떤 기분을 느꼈는가?
- □ 그것을 깨닫기 바로 전에 신체적으로 무엇을 느꼈는가?


시간을 약간 뒤로 돌려 그전에 자신에게서 어떤 일이 일어났는지를 정확히 감지해보라.


- □ 어떤 조짐을 통해 자신의 경계가 침범당했다는 걸 미리 알 수 있었는가? 생각인가? 감정이나 기분인가? 아니면 신체적 조짐인가?
- □ 당신은 경계를 침범당한 것에 어떤 반응을 보였는가? 내적으로 폭발했는가? 아니면 외적으로 폭발했는가? 뒤로 물러났는가, 공격했는가?
- □ 경계를 침범당했다는 걸 안 뒤에 무슨 생각을 했는가? 어떤 태도로 그런 생각을 했는가?
- □ 그 순간 어떤 기분이 들었는가? 신체적 증상도 함께 나타났는가?


3장 나는 나를 보호할 권리가 있습니다

☐ 경계를 침범당한 것이 당신에게 상처가 되었는가?

☐ 그것이 상처가 되어 다른 사람에게 상처를 주었는가?

☐ 경계를 침범당한 것으로 말미암아 어떤 '부작용'이 있었는가? 부작용이 다른 사람에게 가해졌는가? 어떤 피해가 있었는가? 당신 스스로는 어떤 피해를 보았는가? 피해를 따져보라.

☐ 경계를 침범당한 이후 당신은 어떤 태도를 취하게 되었는가?

☐ 뒤로 물러났는가? 접촉을 끊어버렸는가? 대담하게 나가게 되었는가? 험담을 했는가? 변명을 했는가? 다른 사람에게 더욱더 맞추어주게 되었는가?

☐ 무엇이 경계 침범을 초래했을까? 혹은 가능케 했을까?

☐ 경계 침범이 의도적으로 일어났는가? 상대가 당신을 공격하고자, 혹은 괴롭히고자 한 것인가? 아니면 오해나 의사소통의 실수였는가? 그전에 아무런 신호도 없었는가? 혹은 잘못된 신호를 주지는 않았는가?

☐ 경계 침범을 당했으니 앞으로는 어떻게 행동할 수 있을까?

☐ 무엇에 특히 주의해야 할까? 자신의 경계를 어떻게 분명히 하고 보호할 수 있을까? 경계를 침범한 사람이 당신 스스로임을 깨달았다면, 앞으로 어떻게 대처할 수 있을까?

---

## 경계에 대처하는 방식은 가정에서 학습된다

예민한 아이가 있는 가정은 부모 중 한쪽이 예민한 사람인 경우가 많다. 부모 모두 예민한 경우도 있다. 예민한 부모들은 자신들의 경계에 건설적으로 대처하는 경우가 드물다. 그들 역시 대부분의 예민한 사람들처럼 주변 사람들에게 맞추어 살기 위해 노력하다가 중심을 잃고, 신체를 제대로 지각하지 못한 경우가 많기 때문이다. 신체를 지각하지 못하다 보니 자신의 경계를 지각하지 못하고, 경계를 침범당할 때 적시에 적절한 반응을 하지도 못하고 살아왔다.

경계를 침범당할 때 우리는 불쾌함을 느낀다. 불안하고 화가 나고 스트레스를 받고 압박감을 느끼다 보니 공격적으로 변하기 쉽다. 스스로를 지각하지 못하고, 스스로에게 몰입하지 못할수록 경계를 침범당하고 있다는 사실도 처음에는 잘 감지되지 않는다. 에너지 전선에 생긴 이상이 더 이상 간과할 수 없을 정도가 될 때에야 비로소 그것을 감지하게 되는 것이다. 때로는 놀랍게도 에너지가 이미 다 방전되고 나서야 감지하게 된다.

그럴 때 우리는 화가 나서, 자제심을 잃고 폭발한다. 사람들의 눈을 생각해서 그렇게 하지 못할 때는, 내적 폭발이 일어나 근육이 경련하고, 통증이 찾아오며 몸이 아파온다.

―

평소 마음씨 좋고 예민한 아빠인 토마스는 늘 아이들이 명랑하게 노는 모습을 미소를 띠며 지켜보곤 했다. 그런데 지금 토마스는 더 이상 소파에 가만히 있지를 못한다. 놀고 있는 아이들에게 재떨이를 내던지며 제발 좀 조용히 하라고, 사람이 좀 쉬어야 하지 않냐고 소리를 지른다. 그러고 나서 간신히 화를 억누른다. 아이들은 영문을 모른 채 몸이 마비된 듯이 서 있다. 그저 뒤로 물러나서는 어쩔 줄을 몰라 할 뿐이다. '오늘 놀이는 이것으로 끝이구나' 하고 상처 입은 얼굴로 흘끔거리며 아빠를 쳐다본다.

세 아이에게 과자를 가져다준 안토니아는 세 아이가 과자를 앞에 놓고 아웅다웅거리자 더 이상 참지 못한다. 표정을 일그러뜨리고 입을 꼭 다물고는 무서운 눈초리로 아이들을 노려본다. 아이들은 이제 자신들의 예민한 엄마가 더 이상 그들에게 말을 걸지 않을 거라는 사실을 안다. 안토니아는 몸이 안 좋아서 누워버리고, 아이들은 죄책감을 느낀다. 더 이상 아무도 과자에 손을 대지 않는다.

―

예민한 부모들은 아이들에게 잘해준다고 애를 쓰다가 진

이 빠질 위험이 있다. 스스로를 느끼지 못하고, 자신의 필요를 제때에 감지하지 못한다. 자신의 한계를 무시하고, 아이들이 자신의 경계를 넘어서는 걸 용인한다. 경계를 침범하는 것이 아이들이 아니라는 사실도 깨닫지 못한다. 사실 이런 일을 용인하는 건 자기 자신이다. 아이들은 부모가 명확한 신호를 줄 때까지 자신들의 경계와 관계들을 시험해본다.

## 우리는 경계에서 성장한다

부모가 명확한 경계를 정해주지 않고, 자신들의 경계를 예측할 수 없도록 만드는 경우 예민한 아이는 자신의 경계를 아주 불쾌한 방식으로 배울 수밖에 없다. 신체적·언어적 폭력을 통해, 정신적 학대를 통해, 나아가서는 사랑을 박탈당하거나 관계가 끊어질 위험을 걱정하는 가운데 말이다.

이런 경험들은 예민한 아이들에게 깊은 상처가 된다. 예민한 아이들은 대범한 아이들이 목소리를 높이는 또래 집단에서 종종 힘들어하기 마련인데, 이때 평소 믿고 의지했던 어른들로부터 상처를 받으면 그 영향력은 만만치 않다. 마지막 지지대를 잃어버린 기분이라고 할까?

이런 아이들이 성인이 되어 경계에 대해 무관심해지는 건 이해할 수 있는 일이다. 자기 부모와는 다르게, 자기 자녀들에게 좀 더 너그럽고 관용적인 부모가 되려고 하기 때문이다.

3장 나는 나를 보호할 권리가 있습니다

그리고 바로 이런 좋은 의도 때문에 곧잘 자신의 힘의 한계를 넘어서게 된다.

어릴 때 분명한 경계를 배우지 못한 사람은 자신의 구역을 보호하는 것의 중요성과 그 구역이 가진 힘도 경험할 수 없었다. 스스로 얼마나 강한지, 어느 정도의 책임을 감당할 수 있는지도 알지 못한다. 그래서 현실적인 요구가 주어질 때 자신의 힘을 너무 크게 상상하거나, 너무 작게 평가하곤 한다. 명확한 경계가 주는 안정감을 누리지 못하고, 안전한 경계의 보호 가운데 점점 내공을 쌓아가면서 한계를 확장하거나 고양시키지 못한다.

## 경계는 만남을 가능케 한다

어려서 분명한 경계를 배우지 못한 사람은 경계가 주는 안정감과 조화와 평화를 경험할 수도 없다. 자신의 경계를 경험하고, 자신의 제한성을 인식함으로써 그것을 통해 다른 사람에게 다가가고 만나는 경험을 하지 못한 것이다. 그래서 서로의 안정된 경계가 비로소 만남을 가능케 한다는 것을 알지 못한다.

예민한 사람들은 경계와 관련하여 무지한 경우가 많다. 자신의 경계를 알지 못하다 보니, 그것을 보호하지도 주장하지도 못한다. 마찬가지로 다른 사람의 경계를 어떻게 대해야 하는지도 알지 못한다. 그래서 아주 예의 바르고 신중하게 다른 사람의 경계에서 아주 멀찌감치 떨어져 있는 상태로 지내기도 한다. 그렇게 하면 부딪힐 것도 없고 갈등을 겪을 일도 없다. 하지만 결코 진정한 만남은 가능하지 않다. 울타리에서 만나 악수를 나누지 못하고, 울타리에서 멀리 떨어져 그저 손만 흔드는 격이라고 할까?

반대로 경계에 대한 감이 없기 때문에, 상대가 보내는 경계에 대한 암시들을 그냥 간과해버리고, 도와준다는 명목하에 선의로 상대에게 속한 영역을 접수해버리는 일이 발생할 수도 있다. 이런 경우 상대를 독점하려고 하고, 조종하려고 한다.

예민한 사람들은 상대방이 자신의 경계를 존중하지 않고 너무 가까이 다가온다고 한숨을 쉬곤 하지만, 때로는 스스로 경계를 침범하는 경우도 많다. 자신의 경계를 침범할 뿐 아니라, 다른 사람들의 경계를 침범한다. 이 둘 모두 자기 지각 능력의 결핍 때문이다. 이런 일은 좋은 의도로 포장되기도 한다. 경계 설정의 무능력을 도움과 선행이라는 높은 이상으로 포장하고 변호하는 것이다.

2년 전쯤인가 나는 또 한 번 실수를 한 적이 있다. 다시 한 번 경계를 침범하는 사람이 되었던 것이다. 차가 정체되어

장시간 운전을 해서 피곤한 데다, 와인을 두세 잔 곁들여 맛있는 저녁 식사를 하고 보니 판단이 약간 흐려졌던 것 같다. 음악가 부부에게 초대를 받아 저녁 식사를 마친 다음이었다.

두 사람이 순회 연주 연습을 많이 하다 보니 힘들어서 집 안일을 제대로 못한다고 이야기한 것이 화근이었다. 그들을 도와주고 싶은 마음이 강하게 들었고, 나는 저녁 먹은 설거지와 부엌일을 도와주겠다며 나섰다. 부부가 두 번이나 고맙지만 괜찮다고 거절했지만, 나는 한사코 그들의 말을 무시하고 부엌으로 쳐들어갔다. 그런데 접시 하나 둘데 없이 마구 어지럽혀져 있는 부엌의 상태를 본 순간, 나는 내가 또다시 경계 침범자가 되었음을 깨달았다.

—

타인을 도와주고 싶은 마음이 발동할 때는 그런 행동이 그의 경계를 무시하는 것은 아닌지 조심해야 한다. 자신이 어떤 부분에서 타인의 경계를 침범할 위험이 있는지 한번 돌아보라. 나부터 이런 질문으로 독자들의 경계를 침범한 것인지는 모르겠지만 말이다.

사람과 사람 사이에서 경계가 무시되면, 뭔가 불쾌한 기분이 느껴지고, 심한 경우 갈등이 생긴다. 예민한 사람들은 본질상 균형과 화목을 중시하는데, 종종 경계를 무시함으로써 긴장, 시비, 불화 등 자신이 가장 원하지 않았던 결과를 초래하게 되는 것이다.

예민한 사람들은 이런 결과를 원하지 않았기에, 이런 일이 생기면 더욱 이타적으로 행동하고 화목하려고 노력하게 되고, 그런 가운데 다시금 자기 자신을 무시한다. 그러면 또다시 자신의 경계에는 별로 신경을 쓰지 않게 되고, 다른 사람과 적절한 관계를 유지하지 못하게 된다. 그래서 결국 스스로 그토록 원하던 것과 달리 평화와 조화는 멀찌감치 도망가버리게 되는 것이다.

### 경계를 감지하기

우리가 안정감을 느끼고, 최대한 재능을 펼치고 성장시켜 나갈 수 있는 구역을 확보하면, 우리는 이런 경계 안에서 가장 충만하고 풍요로운 삶을 살 수 있다. 그러므로 우리는 신체 상태에 주의하여 유쾌한 지점과 약간씩 불쾌해지는 지점 사이 과도 지대에서 자신의 경계를 감지해야 한다.

가령 두 사람 간의 경계는 그 두 사람이 서로 최대한 잘 지낼 수 있는 영역에 있다. 이런 경계는 작은 시행착오들을 통해 발견할 수 있다. 이렇듯 스스로 가진 예민한 성향을 서로 간에 적절한 거리를 확보하는 데 이용하면 좋을 것이다.

3장  나는 나를 보호할 권리가 있습니다

음식을 먹는 것과 관련하여 "가장 맛있을 때 멈춰야 한다." 는 말이 있다. 한 입 더 먹으면 방금 전만큼 맛있게 느껴지지 않기 때문이다. 바로 이 부분이 경계다. 우리는 살아오면서 이런 신체의 느낌을 상실했을지도 모른다. 그러므로 늘 올바른 시점에 멈추라고 외칠 수 있도록, 일상에서 유쾌함이 불쾌함으로 변하는 지점을 민감하게 지각하는 연습을 하라.

경계가 유지되어야 인간관계가 유지된다. 우리가 경계 설정을 하고 선 긋기를 할 수 있다면, 겁이 나서 물러나거나 계속해서 우리의 구역을 남에게 내어줄 필요가 없다. 침해당하거나 조종당할 필요가 없다. 스스로를 보호하기 위해 마지막 수단, 즉 관계를 끊어버리는 조치를 취할 필요가 없다.

나아가 우리는 타인의 경계도 느낄 수 있다. 경계는 그의 다름을 인정해주는 것이다. 상대가 우리와 다르다는 것을 인정하고 존중할 수 있어야 한다. 반대로 우리 편의 경계를 확실시하는 데도 주의해야 한다.

경계를 설정하지 않고는 우리는 타인과 바람직한 관계를 맺을 수 없다. 경계가 명확하지 않으면 상대에게 우리는 안개에 싸인 것처럼 모호하게 느껴진다. 그렇게 되면 사람들은 우리를 알 수 없는 사람으로 느끼고, 종종 그냥 무시해버린다.

**스베냐(도서관 사서)** "저는 한때 부모님에 대한 경계 설정이 어려웠어요. 하지만 저는 눈에 띄게 나아지고 있어요. 부모님 집을 방문하기 전에 부모님께 제가 식사하고 나서 커피를 마신 뒤 곧장 출발해야 한다고 분명히 말해두었죠. 저는 자신에게 아주 충실한 기분이었어요. 부모님께 왜 그렇게 빨리 가야 하는지 이유를 알려주지도 않아서 부모님은 아쉬울 텐데도 아무 말 하지 않고 수긍했어요. 상황이 그렇게 되자 저도 평소보다 더 편안한 기분을 느꼈어요. 저에게 더 오래 있다가 가라고 말할 거라고 예상했는데 부모님은 그러지 않았거든요. 출발할 때가 되자 평소와는 다르게 자발적으로 조금 더 있다가 가고 싶은 마음까지 들었어요. 전에는 전혀 그런 마음이 생기지 않았었는데 말이에요. 하지만 저는 계획했던 대로 출발했어요. 모든 것이 조화로웠어요. 수년 만에 처음으로 저는 부모님과 헤어지는 순간 다음 만남을 기대했어요. 저는 저의 경계를 알았고, 그것을 지켜냈어요. 제가 그렇게 선을 긋자 부모님도 군말 없이 경계를 받아들였어요. 다음번에는 좀 더 오래 부모님과 시간을 보낼 수도 있을 것 같아요. 저의 경계를 약간 확장할 수도 있을 것 같다는 이야기죠. 하지만 다음번에나 그렇게 해보려고요. 그때도 이번

처럼 잘 굴러가면요."

—

## 에너지를 잡아먹는 사람은 없다

예민한 사람들 중에는 사람들을 만나고 오면 에너지가 고갈
되고 진이 빠진다고 토로하는 사람들이 많다. 그래서 에너지
를 잃어버리지 않으려고 점점 더 만남을 기피한다. 완전히 은
둔 상태로 살다시피 하는 사람들도 있다. 하지만 그 결과로
가장 피해를 보는 것은 예민한 사람들 자기 자신이다.

사람들과 떨어져 고립되어 지내면 다른 사람들과의 공명
을 통한 에너지를 얻을 수 없고, 마치 가스레인지에서 불꽃을
가장 약하게 해놓은 상태처럼 약한 에너지 상태로 연명하게
되기 때문이다. 그러나 대부분의 사람들은 이런 사실을 깨닫
지 못한다.

사람을 만나는 데 에너지가 많이 들어가는 사람들이 그런
만남 후에 당시 만났던 사람들을 자신의 에너지를 빼앗아간
'원흉'으로 보는 것은 이해가 되는 일이다. 그들은 자신의 에너
지를 빼앗아갔다고 생각하는 사람들을 에너지 '강도'로 여기
고, 가급적 피하려 한다. 하지만 알고 보면 에너지가 손실되는
원인은 한 가지가 아니라 여러 가지인 경우가 많고, 추측했던
것과는 다른 원인인 경우도 많다.

특히 자기를 지각하지 못하고, 중심을 잡는 데 실패하면 만남 가운데 계속해서 에너지 손실이 일어난다. 예민한 사람들은 사람들과의 대화 중에 모든 감각과 지각 능력과 에너지를 동원해서 온전히 다른 사람에게 정신을 쏟곤 한다. 그들은 의식하지 못하면서 다른 사람들에게 에너지를 떠안기다시피 하고, 상대는 이런 선물을 기꺼이 받아 안는다. 단, 그 속에 혐오가 들어 있지 않다는 전제가 있어야 한다.

물론 좀 더 적극적으로 스스로 책임을 지는 가운데 자신의 에너지를 잘 챙기는 것보다 그냥 다른 사람을 에너지 강도나 도둑으로 몰면서 소극적으로 물러나는 편이 더 쉽다. 하지만 에너지 도둑질은 늘 쌍방 과실이라는 점을 기억하라. 에너지를 빼앗아 가는 것을 허락하고, 심지어 빼앗아가도록 가져다 안기는 사람이 있고, 그런 유혹에 부응하여 기회를 붙잡는 사람이 있다.

물론 상대와의 만남에서 일방적으로 에너지를 채우려고 하는 사람이 실제로 있긴 하다. 하지만 이런 사람들은 대부분 에너지 메커니즘에 대해 잘 알지 못하며, 어린애처럼 순진하게 자기중심적으로 굴다 보니 그런 일이 생겨날 뿐이다. 이런 사람들은 경계 설정을 잘 못하는 예민한 사람들과 가까이 하는 것을 특히나 좋아한다. 바꿔 말해, 스스로에게 충실하고 중심을 잡고 자신을 지각하는 것을 배워 의식적으로 성장하게 되면 에너지를 많이 잡아먹는 사람이 아닌, 전혀 다른 부류의 사람들에게 매력을 행사할 수 있다는 말이다.

# 경계 짓기를 위한
# 전제 조건

|

자, 그렇다면 경계 설정, 즉 선 긋기를 하려면 무엇이 필요할까?

## 중심 잡기

성공적인 경계 설정을 위한 기본 전제는 우선 자기 자신에게 충실하고 스스로를 신체적으로 지각하는 것이다. 자기 자신에게 충실하지 못한 사람은 임의로 경계를 긋지만, 결국은 스스로를 배제한 채 선을 긋게 된다. 경계 설정의 방법들이 많이 논의되지만, 도움이 안 되는 것도 다 그런 이유다. 다시 말해, 우선 자기 지각을 통해 자신에게 이르고, 자신의 입장을 확립해야 한다.

하루를 보내며 이따금 "지금 나의 지각은 어디를 향하고 있는가?"라고 질문하라. 스스로를 느끼고 있는가? 자신과 지금 하고 있는 일에 충실한가? 자신과 계속 접촉하고 있는가? 누군가와 이야기를 할 때도 스스로를 느낄 수 있는가? 아니면 대화 상대자에게로 완전히 옮아버리는가? 주의력을 분산시킬 수 있는가? 스스로를 지각할 수 있으면 다른 사람들과 만나더라도 에너지를 많이 잃지 않을 수 있다. 자신의 입장을 잘 대변하는 가운데 더 성숙하고 진실한 대화 파트너가 되어줄 수 있다.

### 갈등 해결 능력

다른 사람에 대하여 경계를 설정하고자 한다면, 어느 정도 홀로 설 각오를 해야 하며, 자신의 입장을 주장할 수 있어야 한다. 아무리 부드럽게 표현할지라도 "안 돼." 혹은 "여기까지만. 더 이상은 안 돼요!"라는 메시지를 전하면 상대는 우리를 탐탁지 않게 생각할지도 모른다. 상대가 좋지 않은 눈초리로 쳐다볼 수도 있고, 비난할 수도 있다.

그럼에도 우리는 자신의 경계를 지켜야 한다. 상대방의 기대와 요구에 민감한 사람들에게 경계를 견지하는 일은 쉽지 않다. 하지만 끝까지 물러나지 않으면 상대는 우리를 존경하고 존중하게 될 것이다.

## 자신을 사랑하고 소중히 여기기

스스로를 사랑하고 소중히 여기는 사람은 다른 사람들의 칭찬에 그렇게 목맬 필요가 없으며, 자신의 필요를 적극 보살필 준비가 되어 있다. 또한 자신의 능력과 결점을 포함하여 스스로를 있는 그대로 인정하며, 자신의 경계와 제한성을 존중한다. 이런 마음가짐을 가지고 있으면 신체와도 좋은 관계를 맺을 수 있다. 중심 잡기와 지각의 조절을 통해 우리는 자신의 입장에서 스스로를 지각할 수 있고, 스스로를 더 소중히 여길 수 있다.

## 의사소통 능력

언어, 보디랭귀지, 제스처를 통해 스스로를 더 능숙하게 표현할수록 경계 설정을 더 수월하게 할 수 있다. 이렇게 일찌감치 자신의 형편을 알려 놓으면 필요한 순간에 더 자연스럽고 섬세하게 반응할 수 있고, 상대 역시 우리의 경계를 이해하고 존중할 수 있다.

# 내 몸의 신호에
# 귀 기울이기

|

너무 주변에 맞춰주려다 보니 스스로를 지각하지 못하고, 외부 자극만 너무 많이 받아들이게 된 예민한 사람들은 제일 먼저 신체와의 연결고리를 잃어버린다. 그러면 그들은 어느 정도 신체가 없는 것처럼, 땅에 든든히 뿌리박지 못하고 붕 뜬 상태가 된다. 이런 상황이 되면 신체는 종종 성가신 부속품으로 느껴지는데, 대다수의 예민한 사람들은 이런 현상을 신체를 적대시하는 철학으로 합리화시키기도 한다.

예민한 사람들 중에서는 신체와 친하지 않은 듯한 느낌, 신체와 연결되는 길에 뭔가 막혀 있는 듯한 느낌을 토로하는 사람들이 많다. 신체로 접근하는 것, 그로써 땅에 발붙이고 사는 것이 힘든 기분이라고 할까? 이런 사람들이 자신의 신체를 의식하고 받아들이면 커다란 변화를 경험하게 된다. 드디어 있는 그대로의 삶에 부응하고 삶을 능동적으로 살아내려는 의욕이 샘솟는 것이다.

하지만 스스로를 잘 지각하지 못하는 예민한 사람들도 신체 없이 살지 못한다. 신체를 너무 오래 무시하면, 신체는 통증과 증상을 통해 스스로를 알려온다. 제대로 중심을 잡지 못한 사람들이 다시금 자신의 경계를 멀찌감치 넘어설 때마다 그런 일이 일어난다. 신체는 이제 뒤로 물러날 것을 종용하고, 계획을 망가뜨려 수포로 돌아가게 한다. 이런 일이 일어나면 신체에 대한 잘못된 관계는 더 강화되고, 신체를 더욱더 거추장스럽게 여기게 된다. 신체가 자꾸 방해꾼으로 여겨지고 스스로를 괴롭고 힘들게만 하기 때문이다.

## 신체를 새롭게 알아가기

전에는 나도 그랬다. 예민한 사람들은 신체가 안 좋아질 때에만 신체를 지각하는 경우가 많다. 그러면 신체는 늘 약하고 부족한 것처럼 느껴진다. 다리가 아프고, 등이 결리고, 눈이 피곤하고, 위가 더부룩하고, 몸이 무겁고, 피로하고, 짜증스럽고… 이런 목록은 얼마든지 길어질 수 있다. 이런 사람들은 신체가 주는 좋은 느낌을 지각하지 못한다. 신체에서 느껴지는 생명력, 기쁨,

개운함, 유쾌함에는 전혀 주의를 기울이지 않는다.

아픈 다리는 지각하고 신경 쓰고 걱정하면서, 다리가 건강하다는 것은 전혀 지각하지 않는다. 약하고 힘든 것은 느끼면서 강하고 쌩쌩한 것은 지각하지 못하는 것이다. 하지만 지각을 조절하여 우리가 지각하고 싶은 자극들을 선택하고, 그로부터 현실에 대한 긍정적인 상을 만들어낼 수도 있다.

우리는 더 이상 무시할 수 없는 방해적인 자극들만 선택적으로 지각하면서, 현실에 대한 괴롭고 힘든 상만을 만들어낼 때가 많다. 건강과 생명력의 존재는 모른 척한다. 이런 방식으로는 스스로를 약하게 만들고, 통증과 증상과 질병을 악화시킬 뿐임을 명심하라.

자신의 신체를 차근차근 지각하는 연습을 해보라. 발부터, 정확히는 발꿈치부터 시작해보라. 그러고는 서서히 위로 올라오면서 신체 각 부위에서 생명력과 에너지를 느껴보라. 당신을 건강케 하는 모든 것의 협연을 느껴보라.

신체에 주의를 기울이는 가운데 신체 안에서 일어나는 변화도 감지해보라. 신체를 지각하다 보면 신체 자세를 조금 수정해야 할 필요성을 느낄 수도 있다. 심호흡을 하고 싶을지도 모른다. 비뚤어진 자세를 고쳐 바른 자세로 앉고 싶을 수도 있고, 긴장을 떨쳐버리고 싶을 수도 있다. 갈증이 느껴지거나, 움직이고 싶은 욕구가 생기는가?

이런 방식으로 자신의 신체를 지각하면 자신과의 관계가 변한다. 더 편안하고 고요해진다. 이런 연습 가운데 외부의 자극이 차단되기 때문이다. 우리는 이제 진정으로 자신에게 집중할 수 있게 되고, 에너지의 중심을 잡게 된다. 그러면 이제 자신의 필요와 욕구를 감지하고, 자신을 더 잘 살필 수 있다. 자신을 의식하고, 자신의 컨디션을 책임질 수 있다.

때때로 신체를 이렇게 훑어가면서 신체의 생명력과 활기를 지각하는 것을 습관으로 삼아야 한다. 아무것도 지불할 필요가 없는 즐거움을 누리게 될 것이다! 호흡을 느껴보라. 혈관 속을 흐르는 혈액의 맥동과 따뜻한 체온을, 근육의 탄력을, 당신을 일으켜 세우고 서 있게 하는 힘을 느껴보라. 흐르는 에너지가 주는 기쁨과 경이로운 신체를 느껴보라. 신체의 지혜와 그 작동 방식을 신뢰하고 신체에 대해 감사할 수 있게 될 것이다. 건강을 잃은 뒤 뒤늦게 신체에 주목하면 이미 늦다. 신체를 긍정적으로 지각하는 것은 신체 건강에도 도움이 될 것이 분명하다.

부정적인 지각과 사고를 일방적으로 긍정적인 지각과 사고로 대치하자는 것이 아니다. 진실을 반쯤 가리고, 괴로움을 못 본 척하자는 것이 아니다. 균형을 되찾자는 것이다. 신체의 약한 부분만 감지하지 말고 신체의 강한 부분도 지각하자는 것이다. 지각이 균형을 이루어야 건강을 유지하기 위해 제때에 적절한 조치도 취할 수 있는 법이다.

## 과잉 부담과 과소 부담

완벽주의적인 요구와 공명심, 자신의 가능성과 한계에 대한 무지, 신체에서 약하고 불편한 부분만 지각하는 경향이 어우러져 종종 딜레마에 이르기도 한다.

한편으로는 이런 경향이 우리를 밀어붙여서 과부하를 걸고 무리하게 만들어 자신의 경계를 한참 뛰어넘는 결과를 초래한다. 또다시 몸이 따라주지 않고, 몸이 말을 듣지 않으면 아무것도 하지 않고 뒤로 멀찌감치 물러나 있고 싶은 욕구가 생겨난다. 또 그렇게 아무것도 하지 않고 쉬고 있으면 이래서는 안 되겠다는 생각이 들어 스스로를 밀어붙이게 되고, 다시 신체에 과부하가 걸린다.

자신의 경계를 존중하지 않고 계속해서 무시하다 보면 신체는 잔병치레나 불편 증상으로 스스로 보호 조치를 취한다. 그러면 우리는 어쩔 수 없이 쉬게 되고, 이렇게 쉬다 보면 반대되는 면이 또다시 강하게 요구를 해오게 되는 것이다. 이렇듯 위험한 악순환이 거듭되다가 완전한 탈진 상태에 이르는 수도 있다. 바로 번아웃이다.

**콘스탄체(패션업계 수석 디자이너)** "이전 직장을 그만두기 전에 저는 규칙적으로 병이 났어요. 스스로에게 너무 많은 요구를 했죠. 주변에서 기대하는 것들을 모두 받아들여서 제게 요구했어요. 얼마나 감당할 수 있는지, 얼마나 요구하는 것이 좋은지 저 자신에게 결코 심각하게 묻지 않았죠. 그러다 도저히 감당할 수 없는 상태가 되면 어김없이 편두통이 찾아왔어요. 그러면 쉴 수밖에 없었고 일을 중단해야 했죠. 그리고 나서 또 몸이 약간 회복되면 다시금 많은 일을 했고, 다른 사람들에게 내 일을 넘겨주지 않았어요. 동료들에게 시키면 흡족한 결과가 나올 수 없다고 생각했어요. 다른 사람들의 도움을 받아들이려고 하지 않았고 제가 힘들다는 걸 아무에게도 토로하지 않았어요. 며칠 쉬고 나면 양심의 가책까지 느껴져서 또다시 스스로를 밀어붙였죠. 그러다 보면 다시 편두통이 찾아왔고, 또다시 아무것도 할 수 없는 상태가 되었어요. 이렇듯 저는 과부하와 편두통 사이에서 이리저리 떠밀려 다녔어요."

편집자로 일하던 시절 나도 그와 같은 형편이었다. 과잉 부담과 과소 부담 간의 연관을 깨닫지 못하는 한 이런 악순환은 계속된다. 이런 갈등을 겪다 보면 정작 일을 진척시키지는 못하고 악순환에서 비롯되는 긴장을 조율하는 데 점점 더 많은 에너지를 빼앗긴다. 자꾸만 에너지 출혈을 하게 되고, 몸도 나빠진다. 근육 경련, 편두통, 위장 장애, 이명, 방광염, 감기 몸살, 섬유 근육통은 이제 만성 질환으로 발전한다.

물론 병원에 가서 검사도 받고 치료도 받아야 할 것이다. 하지만 이런 피상적인 노력으로 문제를 해결하는 것은 역부족이라는 점을 명심하라. 진정한 원인을 모른 채 증상만을 치료하면, 과잉 부담과 과소 부담의 악순환이 더 심해질 수 있다.

이런 상황에서 과잉 부담과 과소 부담이라는 양극단 사이의 '이성적인 중간 노선'을 고안해내는 것은 의미가 없다. 이런 내적 갈등은 머리로 해결되는 것이 아니다. 이성적인 사고는 오히려 딜레마를 부추기는 경우가 많다.

이런 갈등을 해결하는 길은 자신의 신체를 지각하는 것, 즉 신체 지각 방식을 변화시키는 것이다. 누누이 말했듯이 예민한 사람들의 취약점은 자기 자신, 자신의 필요, 자신의 가능성과 한계를 제대로 지각하지 못한다는 것이다. 그러다 보니 통증과 불편 증상, 만성 질병에 시달린다. 이명, 근육 경련, 편두통이나 감기 몸살에 쉽게 걸리는가? 이런 증상들은 '경계 지킴이'들이다! 예민한 사람들이 자신의 경계를 넘어버릴 때마다 이런 지킴이들이 활동을 시작한다. 편두통은 일을 중단하도록 하고, 양보하도록 강요한다. 이명은 아무것도 할 수 없게 만들고 방광염은 너무 힘들게 느껴지는 상황에서 벗어나라고 요구한다.

이 증상들은 시간이 가면서 점점 빈번하게 등장한다. 경계에 가까이만 가도 벌써 이런 증상들이 나타난다. 이렇듯 증상은 처음에 경계를 의식하게 하는 데 도움이 될 수 있다. 하지만 우리가 신체 지각 방식을 바꾸지 않고 계속 밀고 나가면, 증상의 악순환으로 말미암아 우리의 경계는 자꾸만 오그라든다. 우리의 구역은 점점 더 자신을 둘러싼 좁은 반경으로 위축되고, 만성적인 증상이 점점 더 우리 삶을 결정하며, 우리는 아주 좁은 반경에서 구속적인 삶을 살 수밖에 없다.

그러므로 무조건 증상만 제거하는 것에 집중한다고 좋아지지 않는다. 체계적 연관 가운데 신체 증상의 기능을 깨닫고, 총체적인 지각 시스템을 변화시켜나가야 한다.

## 지각하지 못하는 것보다 더 나쁜 것은 무시하는 것이다

예민한 사람들 중 어린 시절에 어떤 계기로 말미암아 강해져야겠다고 결심하고 강인한 인간상을 추구해온 사람들은 사정이 조금 더 열악하다. 강인함을 추구하는 가운데 감정을 위험한 것으로 치부해버렸기 때문이다. 주변 사람들이 감정을 활용해 그들을 약하게 만들고, 붙잡아놓고, 조작하려고 했기에,

3장 나는 나를 보호할 권리가 있습니다

그들은 강해지려면 마음을 약하게 만드는 것들, 감정과 관련한 모든 것들을 무시해버려야 한다고 생각했다. 그러고는 감정에 휘둘리지 않기 위해 노력했다.

이렇듯 예민한 사람들은 강하고 억척스런 사람과 자신을 동일시하며 오랫동안 약한 부분들을 그냥 못 본 척해버릴 수 있다. 자신이 추구하는 정체성에 맞지 않기 때문이다. 하지만 이와 같이 자신이 추구하는 자아상과 실제적인 건강 상태 간에 간극이 너무 커지면, 심각한 질병이 생기고 나서야 자신의 상태를 돌아보기도 한다. 심하면 조기 사망으로 그 대가를 치르는 경우도 있다. 빠른 시일 내에 자신의 지각을 존중함으로써 거기까지 나아가지 않기를 바란다.

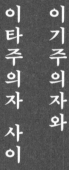

4장

이기주의자와
이타주의자 사이

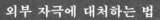

외부 자극에 대처하는 법

예민한 성향을 짐이 아닌 인생의 선물로 활용하려면 자신의 지각을 조절함으로써 경계를 긋는 법을 배워야 한다. 이번 장에서는 이를 위해 직업, 우정, 배우자 관계 등 우리가 속한 사회적 연관들을 조명하려고 한다. 여기서 당신은 좋지 않은 사고 습관과 감정 패턴에 능동적이고 건설적으로 영향을 미칠 수 있는 다양한 방법을 알게 될 것이다. 이런 방법들을 실행하면 당신은 더 이상 외부의 자극에 무방비 상태로 노출되지 않을 것이고, 스스로를 더 잘 챙기는 가운데, 다른 사람들과 더불어 편안하고 조화롭게 살 수 있을 것이다.

# 스트레스와 번아웃으로부터
# 벗어나기

|

예민한 사람들은 보통 사람들보다 자극을 더 많이, 더 강하게 받아들이며, 맺고 끊는 것을 잘 못하고, 경계를 긋는 걸 힘들어한다. 그 결과 더 많은 자극들을 처리해야 하고, 자극들에 더 오래, 더 많은 신경을 쓴다. 다른 사람들보다 자신을 더 다그치고, 더 쉽게 스트레스를 받으며, 주변 세계를 위험하고 위압적이라고 느끼는 경우가 많다. 물론 스트레스에도 취약할 수밖에 없다.

## 모든 것이 변할 때: 적응의 부담
예민한 사람들은 다가오는 변화를 가장 먼저 감지하며, 변화하고 새로워져야 할 필요성을 다른 사람들보다 더 일찌감치 느낀다. 동시에 변화하는 상황에 적응하는 데 다른 사람들보다 많은 시간이 필요하다. 새로운 정보를 다각도로 연결시키느라 더 많은 에너지를 필요로 하기 때문이다. 그러므로 예민한 사람들은 보통 사람들보다 빠른 속도로 변화하는 시대에 적응하는 것이 힘들며, 이런 '적응의 부담'이 스트레스로 작용한다. 달갑지 않은 변화만이 아니라 그토록 바라고 기대하던 변화도 스트레스가 되는 것이다. 한꺼번에 혹은 빠르게 일어나는 변화는 예민한 사람들에게 자칫 위압적으로 경험되기 때문이다.

## 스트레스를 야기하는 내적·외적 갈등

예민한 사람들은 자신에게 높은 기준을 요구하고, 이런 요구에 부응할 수 없는 것으로 인해 괴로워하는 경우가 많다. 뿐만 아니라 다른 사람들이 자신에게 기대하고 요구하는 것 역시 예민하게 감지하기 때문에 그에 부응해야 한다는 부담감도 클 수밖에 없다. 주변 세계에서 느껴지는 모순과 긴장에 대해서도 신경을 끄지 못하며, 낯설고 거슬리는 주변 세계에 대해 스스로 마찰을 겪기도 한다. 주변 세계에 적응하기 위해 자신을 억지로 맞추는 가운데 이런 행동과 자신이 원래 가진 본성 간의 내적 갈등을 겪기도 한다. 이런 종류의 긴장은 만성 스트레스로 발전하고, 여기에 당면한 스트레스가 더해지면, 스트레스가 어느덧 자신이 감당할 수 있는 양을 초과한다.

이럴 때 우리는 저항하고 버팀으로써 스트레스를 더 가중시키곤 한다. 자신의 본성을 받아들이지 않고 저항하며, 다른 사람들의 모습을 있는 그대로 받아들이지 않고 저항한다. 변화시킬 수 없는 상황에 대해서도 저항하고, 막을 수 없는 변화에 대해서도 저항한다. 우리가 이렇듯 저항하고 있다는 사실을 인지하는 것이 이런 저항을 포기할 수 있는 첫걸음이다.

만약 원인을 모른 채 갑자기 스트레스 상태에 놓인다면, 스트레스는 에너지의 흐름을 변화시키고, 에너지 손실을 가져온다. 그러므로 스트레스를 받고 있음을 지각하면 이렇게 질문하라. 이것이 과연 누구의 스트레스일까? 이게 정말 내 것일까? 다른 사람의 스트레스는 그냥 다른 사람에게 남겨두고, 공연히 긴장을 부추기지 않는 것이 가능할까? 그렇게 하는 것이 상대방에게도 더 유익할 것이다.

스트레스에 의식적으로 대처하고 싶다면, 무엇이 자신에게 스트레스가 되는지를 자문해보라. 외부의 자극이 너무 많은가? 갑자기 너무 많은 변화를 이겨내야 하는가? 힘들고 바쁜 일 때문인가? 스스로 너무 높은 것을 요구하고 그에 부응하려고 하기 때문인가? 내적 갈등이 있기 때문인가? 다른 사람이나 외부 상황과의 갈등 때문인가? 자신이 전혀 관여할 필요가 없는 갈등 때문은 아닌가?

4장 이기주의자와 이타주의자 사이

## 스트레스에 취약한 이유

스트레스를 받으면 아드레날린이 분비되고, 심박동이 빨라지고, 호흡이 가빠진다. 이런 반응은 타고난 것이며, 위험한 경우 신속하게 반응할 수 있도록 하는 신체의 메커니즘이다. 사실 스트레스를 유발하는 요인은 삶 속에 언제나 존재한다. 위험, 변화, 도전, 갈등… 여기서 중요한 것은 우리가 상황을 조절할 수 있는가, 아니면 그 상황에 아무런 영향을 끼칠 수 없는가 하는 것이다. 스트레스를 조절할 수 있을 때 위험은 우리가 맞설 수 있는 도전이 되며, 두려움은 용기와 믿음으로 바뀐다. 도전에 대처해본 긍정적인 경험들, 지식, 평정심, 힘, 다른 사람들의 뒷받침이 있으면 더 좋다.

너무 힘이 들고 무기력이 느껴질 때는 스트레스를 유발하는 상황을 조절할 수 없다. 너무 과한 요구가 주어질 때, 지식과 기술이 부족할 때, 다른 사람들이 우리를 신뢰하지 못하거나, 우리에게 더 많은 두려움을 불러일으킬 때, 우리가 그것을 허용하고 스스로를 의심할 때도 마찬가지다. 그럴 때는 어떻게 상황을 극복할 수 있을지 알지 못한다.

예민한 사람들은 더 빠르게 무기력해질 수 있다. 그러면 스트레스 반응을 조절하기가 힘들어진다. 적응하느라 신체 지각을 희생하게 되면, 자신이 가진 실제의 힘을 평가하지 못하고, 어느 정도까지 스트레스를 감당할 수 있을지, 능력의 한계를 알지 못하게 된다. 스스로를 과대평가하게 되면, 일을 도무지 해결할 수 없게 되고, 이것은 다시금 스스로를 과소평가하게 하며, 도전에 대한 두려움과 스트레스를 강화시킨다.

예민한 사람들이 스트레스에 취약한 또 한 가지 요인은 자신의 부모도 예민한 경우가 많아, 어릴 시절에 부모가 스트레스 상황에서 건설적으로 대처하는 모습을 제대로 보지 못했다는 점이다. 예민한 부모들은 아이가 힘든 상황에 처했을 때, 부모 스스로 스트레스 반응을 보이며 아이에게 적절한 뒷받침을 제공하지 못한다. 또한 아이의 스트레스 해결 능력을 신뢰하지 않는 경우가 많다. 게다가 자신들이 느끼는 두려움의 짐을 아이에게 지워주기도 한다. 그러면 아이는 두 전선에서 동시에 싸움을 벌이는 형국이 되어, 제대로 싸울 수 없게 된다. 자기 일에만 신경 쓰는 것도 힘든데 추가적으로 부모를 안심시켜야 할 뿐만 아니라 부모를 도무지 신뢰하지 못하는 상태까지 된다. 그러면 아이는 혼자가 된 듯한 기분을 느낀다. 아이는 이제 자기 자신도 잘 믿지 못하게 되어 인생의 도전으로 인한 스트레스를 더욱더 조절할 수 없게 된다.

### 생각지도 못한 부작용들

스트레스를 받은 사람들은 스트레스에 대처하기 위해 운동을 하거나 휴가를 떠나거나 사람들을 피해 혼자 쉬는 등 다양한

4장 이기주의자와 이타주의자 사이

활동을 시도한다. 자율 훈련법이나 명상을 하는 사람들도 있다. 그러나 모든 방법이 효과를 발휘하는 것은 아니다. 어떤 노력은 오히려 역효과를 내어 스트레스에 더욱 취약하게 만들 수도 있다.

가령 명상은 아주 효율적인 방법이지만, 원하는 효과에 도달하기 위해서는 의식적으로 자신에게 맞는 형태를 찾아야 한다. 가만히 앉아서 하는 명상은 평소에 몸을 잘 움직이지 않아서 자신의 신체와 접촉이 부족한 현대인에게는 적합하지 않은 경우가 많다. 예민한 사람들에게 그런 명상은 심지어 해로울 수도 있다.

**나타샤**(은행 직원, 43세) "전에 의사가 자율 훈련을 권했어요. 처음에는 누워서 몸의 무거움을 느끼는 게 꽤 기분 좋게 느껴졌어요. 하지만 시간이 흐르면서 거부감이 생기더라고요. 쉼에 도움이 되는 건 분명한데, 약간 늘어지는 기분이었고, 훈련을 한 뒤에는 오히려 몸이 굼뜬 느낌이 들었어요. 요즘에는 기공 체조를 해요. 기공 체조가 제게 더 맞는 것 같아요. 긴장이 풀리고 스트레스가 날아가며 중심이 잡히는 기분이에요. 에너지와 이완된 힘, 영적 현존이 느껴져요. 수련 후에는 편안해지고, 유쾌하고 생기가 넘치지요.

그러면 뭔가를 하고 싶은 의욕이 생겨요."

**발레스카** "명상을 따라 하다 보니 기분도 좋아지고, 스스로 더 열리는 기분이었어요. 바로 이것이 내가 원하던 상태라고 생각했죠. 그런데 우주와 합일되려고 노력할수록, 일상은 더욱 내게 참을 수 없는 것으로 다가왔어요. 마치 모든 자극이 나를 두들겨 패는 듯한 느낌이었어요."

**카렌(학교 교장, 57세)** "가만히 앉아서 명상을 하는 데 쉽지 않았어요. 시간이 갈수록 불안해지고 짜증이 몰려왔죠. 그럴수록 저는 스스로에게 더 엄하게 대했고, 불안을 가라앉히려고 무척 애를 썼어요. 어린 시절에도 그렇게 애써 스스로를 자제하곤 했었으니까요. 하지만 이젠 그 모든 것이 소용이 없다는 걸 알고 있어요. 명상 역시 나의 필요와 한계를 무시하면서 스스로를 어떤 틀에 맞추고 성과를 내려는 옛 행동 방식의 또 다른 버전일 뿐이라는 걸 알았어요."

—

예민한 사람들은 보통 신체와의 접촉이 부족하다. 그들은 자신들의 경계를 잘 모르고 땅에 제대로 발을 디디지 못하고, 중심을 잡지 못한 채 살아간다. 그러다가 어떤 문제를 느끼면 명상을 시도하는 경우가 많다. 그러나 명상은 더욱더 경계를 없애고 초월하고 흩어지게 만들 수 있으며, 그 결과 더욱 예민해지고, 허공에 뜬 것 같은 상태가 되어 스트레스에 더욱 취약해질 위험이 있다. 그러면 사람들은 더욱더 명상을 많이 함으로써 이런 상태를 타개하려고 노력한다. 적절한 이데올로기로 미화되거나 이상화되면 그런 방법이 맞지 않는다는 사실조차 오랫동안 수면 위로 드러나지 않게 만든다.

먼저 안정된 중심을 잡고 발을 현실에 굳게 디디고 서 있을 수 있어야만 초월적인 면으로도 스스로를 열고 그쪽으로 걸음으로 뗄 수 있는 법이다. 발을 땅에 디디지 않고 중심을 잡지 못한 상태에서 초월적인 것을 추구하다 보면 스스로 길을 잃거나 추락할 위험이 있다.

그래서 예민한 사람들에게는 태극권, 기공, 요가처럼 현실에 기반을 두고 에너지를 집중시키는 명상법이 도움이 된다. 이런 수련에서는 자신의 신체와 에너지를 지각하고 그것들을 더욱 의식하는 연습을 하기 때문이다. 많은 예민한 사람들에게 중요한 것은 이제는 더 이상 신체를 무겁고 불편하고 약한 것으로 경험하지 않고, 신체의 에너지와 힘, 호흡, 근육의 유쾌한 긴장을 느끼고, 자신의 생명력과 기운을 발견하고 강화시키는 것이다.

## 아드레날린을 제거하고 옥시토신을 만들어내기

하루 종일 스트레스 속에서 살았다면 저녁에는 스트레스를 받으면서 만들어진 아드레날린을 없애주는 것이 중요하다. 물론 근육을 움직이고 운동을 함으로써 아드레날린을 날려버릴 수 있다. 하지만 이것을 알고 있어도 너무 피곤한 경우에는 조깅을 하거나 헬스를 하거나 산책을 하러 나서는 것이 쉽지 않다. 그러면 제거되지 않은 아드레날린 때문에 그다음 날에는 스트레스에 더 취약해지며, 그런 식으로 계속되면 날이 갈수록 스트레스 저항력이 감소한다.

하루 종일 분주한 가운데 스트레스를 한껏 받은 사람들은 퇴근 시간이 되면 안도의 한숨을 쉬면서, 저녁 시간을 혼자서 스트레스 없이 보내고 싶어 한다. 하지만 혼자서 머무르다 보면 아드레날린에 대적할 수 있는 호르몬인 옥시토신이 만들어지지 않는다. 엄마가 아기에게 젖을 먹일 때나 연인들이 스킨십을 할 때 분비되는 호르몬으로 유명한 옥시토신은 사람들과의 친밀감을 경험하고, 신뢰와 지지를 느끼는 가운데 생겨나기 때문이다.

예민한 사람들은 스트레스를 받으면 운동이나 산책을 할 힘도 없고, 사람도 만나고 싶지 않아 홀로 있는 경우가 많다. 조용히 휴식을 취하고 싶기 때문이다. 하지만 꼭 이런 식으로 해야만 몸이 회복되고 재충전되는 것은 아니다. 오히려 홀로 있다 보면 더욱더 약해질 수도 있다.

적극적인 활동을 할 힘이 없는 사람들은 텔레비전이라는 가상의 삶으로 도피할 위험이 크다. 하지만 그렇게 되면 가상의 운동과 가상의 만남이 실제적인 욕구와 필요를 가리게 되고, 실제적인 필요는 채워지지 않는다. 무마시킬 수 없는 결핍이 생겨날 뿐이다. 이런 결핍과 외로움 역시 형태가 다르긴 하지만 스트레스가 되기는 마찬가지다. 이런 식으로 사는 사람은 장기적으로는 무력해질 수밖에 없다. 퇴근 전 스트레스가 퇴근 후 스트레스로 대치될 뿐이다.

이런 악순환을 끊을 수 있는 계기가 없는 경우, 적지 않은 사람들은 이런 상태에서 번아웃에 빠지거나, 사회적으로 은둔 생활을 하다시피 하게 된다. 몸을 사리며 사람도 만나지 않고 은둔해 있는 생활이 어떤 영향을 미치는지 알지 못한 채, 많은 예민한 사람들이 이런 길을 간다.

## 예민한 사람들이 용감해지는 순간

한편 세미나 참가자들을 통해서 알게 된 신기한 현상이 있다. 일반적인 상황에서는 예민하지 않은 사람들이 예민한 사람들보다 더 결단력과 행동력을 발휘한다. 그런데 상황이 위급해지면 반대로 행동하는 경향이 있다. 모두 뿔뿔이 흩어져 어찌해야 할 바를 모를 때, 갑자기 예민한 사람들이 나서서 일

처리를 하는 것이다. 그럴 때 예민한 사람들은 상황을 빠르게 간파하고는 담대하게 필요한 조치를 취한다. 갑자기 용감하게 싸울 수 있게 되는 것이다. 정말 모순이 아닐 수 없다. 예민한 사람들이 갑자기 다른 프로그램에 따라 '작동'되기라도 하는 것처럼 보일 정도다. 우유부단하고 꾸물거리는 태도는 온데간데없고 오직 중요한 것에 집중하며, 아주 세밀한 부분까지 무엇이 중요한지를 간파한다.

의도적으로 이런 상태를 일깨우면서 일상의 도전 과제에 더 잘 대처하면 좋을 것이다. 자신에게 이런 주체적인 면이 있음을 의식하는 것만으로도 삶에 대한 태도와 스스로에 대한 관념이 변할 수 있다. 예민한 사람으로서 의식적으로 이런 경험을 해본 사람은 삶과 삶이 주는 도전에 기대와 신뢰를 가지고 나아갈 수 있다. 그러나 이런 면을 예민한 사람들이 흔히 빠지는 딜레마와 혼동해서는 안 된다. 즉, 이런 면을 불러일으키려다가, 능력을 발휘하고 규범에 맞추기 위해 스스로를 혹사시키는 딜레마에 빠지면 안 된다는 말이다. 스스로를 힘들게 하고 무리하게 만들어서는 안 된다.

           4장 이기주의자와 이타주의자 사이

**1.**

☐ 스트레스를 받았던 상황을 기억해보라.

☐ 외부적인 상황과 그로 인한 스트레스에 대해 어떤 생각으로 반응했는가?

☐ 스트레스 유발 요인(유발자)과 스트레스 반응에 어떤 감정이 생겼는가?

☐ 신체적으로는 어떤 반응이 나타났는가?

☐ 뒤이어 어떤 행동을 했는가?

☐ 그런 행동이 상황을 더 악화시켰는가?


**2.**

☐ 어떤 생각이 스트레스를 더 가중시켰는가?

☐ 어떤 감정이 스트레스 반응을 더 심하게 만들었는가?

☐ 어떤 신체 반응이 스트레스를 더 부추겼는가?

☐ 어떤 태도가 상황을 더 악화시켰는가?

☐ 그 뒤 상황이 어떻게 확대되었는가?


**3.**

☐ 외적 상황과 그로 인한 스트레스에 어떤 생각으로 답할 수 있을까? 그런 생각이 건설적으로 작용해서 스트레스가 과해지지 않

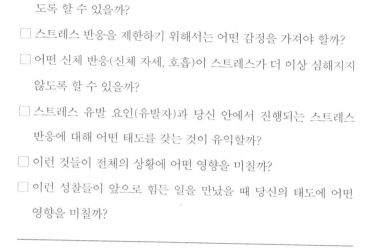

도록 할 수 있을까?

☐ 스트레스 반응을 제한하기 위해서는 어떤 감정을 가져야 할까?

☐ 어떤 신체 반응(신체 자세, 호흡)이 스트레스가 더 이상 심해지지 않도록 할 수 있을까?

☐ 스트레스 유발 요인(유발자)과 당신 안에서 진행되는 스트레스 반응에 대해 어떤 태도를 갖는 것이 유익할까?

☐ 이런 것들이 전체의 상황에 어떤 영향을 미칠까?

☐ 이런 성찰들이 앞으로 힘든 일을 만났을 때 당신의 태도에 어떤 영향을 미칠까?

---

대부분의 경우 자동적으로 진행되는 반응이 스트레스를 더 가중시킨다. 그러므로 의식적인 변화를 통해 타고난 스트레스 반응을 건설적으로 조절하면 스트레스에 대한 저항력을 높일 수 있다. 이를 위해 민감한 성향이 오히려 도움이 될 수 있다.

# 예민한 사람의 생각을
# 방해하는 것들

|

예민한 사람들은 보통 사람들보다 더 많은 자극을 받아들이기 때문에 더 많은 자극을 처리해야한다. 이것이 생각과 직업 활동에 어떠한 영향을 미칠까?

예민한 사람들은 어떤 사안을 숙고할 때 보통 사람들보다 더 많은 정보를 끌어들이고 그것들을 이리저리 연결시켜 생각한다. 지능이 높다면 유익이 될 수 있다. 지능을 통해 일찌감치 차별적이고 복합적인 사고 능력을 키울 수 있기 때문이다. 총체적인 사고 능력을 다질 기회를 가질 수 있는 것이다.

하지만 이렇듯 더 많은 자극을 받아들이고

더 많은 자극을 처리하는 것이 모든 예민한 사람들에게 유익으로 작용할 수 있을까? 이런 사고 활동의 첫 번째 난점은 복합적이고 섬세한 사고를 하다 보니 어떤 일의 결론을 끌어내기까지 시간이 많이 걸린다는 것이다. 더구나 이런 생각에는 중심, 즉 자신의 입장이 결여된 경우가 많다. 자신의 입장이 없으므로 더 객관적일 수 있겠지만, 신체와의 연결이 부족하다 보니 어떤 결과에 대해 직감적으로 동의를 할 수 없다. 몸이 이렇게 저절로 '이거다' 하고 승인해주는 부분이 없다 보니 불안해서 계속 무엇이 맞는지에 대해 생각을 거듭하게 된다. 그 과정에서 다른 사람들의 이런저런 생각까지 더해져 결론을 내기가 힘들어진다. 신체와의 연결, 자신의 입장과의 연결을 잃어버려서 자신의 흥미나 한계, 실행 가능성을 제대로 고려하지도 못한다. 그래서 다른 사람을 따라 하거나 심한 경우, 끝없이 꼬리를 무는 생각이 행동을 대신하게 된다.

이런 식의 사고가 에너지 면에서 신체에 과부하가 되는 것은 물론이다. 자신의 신체와 그 경계를 지각하는 일에 더욱 소홀할 수밖에 없고, 이런 에너지 과부하가 자신의 경계를 멀찌감치 넘어서는 것과 결부되면 결국 불쾌한 신체 증상이 나타난다.

이런 상황에서 사고 훈련이 부족한 경우 정확성, 객관성, 명확성이 결여된다. 사고는 주관적으로 흘러가고, 생각, 감정,

의견, 까다로운 이론, 유감이 끼어든다. 세부적인 것을 따지다가 혼란 상태에서 길을 잃고 아무런 결론에 이르지 못하는 경우가 종종 있다. 이런 사고를 하다 보면 이리저리 휩쓸리는 느낌이 들고, 스스로에 대한 책임보다 관습이나 다른 사람의 생각을 따라 결정할 수밖에 없다.

### 자신의 생각과 다른 사람의 생각 사이의 갈등

예민한 사람들은 보통 사람들보다 더 세밀하고 깊고 정확하게 생각하며, 자연스럽게 다른 사람의 생각에 감정이입을 하는 능력을 갖고 있다. 다른 사람들의 생각을 열린 마음으로 받아들이고 마치 그것이 자신의 생각인 것처럼 그 흐름을 따라간다.

대화 속에서 상대의 입장, 상대의 시각, 상대의 사고 속에 몰입되어 스스로를 잃어버리는 경우가 많으며, 계속 그렇게 진행되다 보면 자기 자신과 자신의 위치, 시각, 관심사를 되찾는 게 힘들 정도가 된다.

예민한 사람들은 급진적인 생각을 갖고 있기 때문에, 자신의 생각을 잃지 않는다 해도 보통 사람들에게 낯설게 느껴지는 경우가 많다. 그들은 더 포괄적이고, 깊은 지각에 근거하기 때문이다. 게다가 늘 조화, 정의, 완벽 같은 것을 지향하기에, 매우 주관적인 생각을 갖고 있는 것으로 보일 수 있다. 기존의 입장을 근본적으로 의문시할 수도 있고, 정치적인 생각인데도 그냥 정치적이라고 하기에는 다른 사람들의 눈에는 너무 절대적인 사고로 느껴지는 경우가 많다.

이런 식의 생각으로 말미암아 예민한 사람들은 외로움을 느끼기 쉽다. 예민한 아이들은 이런 면에서 특히나 불안을 경험한다. 자신의 차별적이고 깊은 생각과 다른 아이들의 생각 사이에 갈등이 빚어지기 때문이다. 이렇게 빚어진 갈등을 여러 차례 조율하는 과정에서 더 이상 자신의 생각을 신뢰하지 못하고, 자신의 생각에 의심을 품거나 무시해버리게 된다. 하지만 결국은 또 언젠가 자신의 생각들에 따라잡히고 만다.

## 자신의 머리를 신뢰하지 않는다

많은 예민한 사람들은 스스로의 생각을 신뢰하지 않는다. 자신의 지각과 사고를 따르면 다른 사람들에게서 고립될 것 같은 기분이 들기 때문이다. 그 밖에도 그들은 다른 사람으로부터 받아들인 생각과 뒤늦게 따라오는 자기 생각 사이의 갈등 속에서 살아간다. 자신의 생각은 뒤늦게 찾아오지만 대신 단도직입적으로 찾아온다. 그 결과 예민한 사람들의 사고는 자연스럽게 흐르지 않고 단절되며, 이런 단절은 다른 사람의 눈에 상당히 이상하게 보인다. 이런 경우 사고가 상당히 고집스럽고 경직되고 완고하게 느껴질 수 있다. 급진적이고 현실과

4장 이기주의자와 이타주의자 사이

유리된 것처럼 느껴질 때도 있다. 더구나 방금 전까지는 상대방의 생각에 녹아들어 있다시피 했기에, 갑자기 치솟아 올라온 자신의 생각을 표명하는 경우 거의 다른 사람의 뒤통수를 치는 분위기까지 연출될 수 있다.

그러나 예민하든 예민하지 않든 기본적으로 모든 사람은 생각이 각각 다르다. 두뇌를 사용하는 방법에 대한 표준적인 규칙은 없으며, 각자의 다양한 사고를 막을 수도 없다. 생각은 시행착오의 원칙을 따를 뿐, 수학을 배운다고 달라지는 것도 아니다. 머릿속에서 무슨 일이 일어나고, 어떻게 어떤 결과에 이르는지는 두뇌의 블랙박스 속에 숨겨져 있을 따름이다.

우리는 자라면서 다른 사람들의 생각을 듣고, 본보기가 되는 사람들의 사고 과정을 따름으로써 언어적 사고를 배운다. 그런데 예민한 부모 아래서 자란 사람들은 이 부분에서 약간 어려움이 있을 수 있다. 예민한 부모들은 자신의 생각을 신뢰하지 못하고, 주변 사람들에게 맞춘 생각과 자신의 생각 속에서 이리저리 헤매느라 갈등과 모순으로 점철된 사고 활동을 하는 경우가 많기 때문이다. 머릿속은 아주 복잡하기 그지없다. 이런 복합적인 사고 활동은 자녀에게 전수되며, 자녀에게서는 더 심하게 나타날 수도 있다.

예민한 사람들에게 같은 일을 여러 가지로 생각할 수 있는 상황은 혼란스러울 수 있다. 그러면 스스로 자신의 머릿속을 제대로 장악하지 못하고, 이리저리 휩쓸리는 듯한 느낌을 받게 된다. 생각의 주인이 자신이 아니라고 느끼게 되는 것이다. 그러므로 생각은 원래 상대적인 것이며, 서로의 생각으로 영향을 줄 수 있다는 것, 이렇게도 생각할 수 있고, 저렇게도 생각할 수 있다는 것을 충분히 염두에 두고 사고하는 것이 필요하다. 이런 사고는 예민한 사람들로 하여금 자신의 생각을 존중하는 동시에 거리를 두고 지각할 수 있도록 하고, 자신의 생각을 할 수 있는 능력이 생기면서 스스로 자신의 생각을 조절할 수 있게끔 한다. 이것이 바로 의식적인 사고다.

---

**⌐ 생각해보기: 의식적인 사고**

☐ 방금 무슨 생각을 했는가?

☐ 그런 생각을 했다는 걸 알았는가?

☐ 그런 생각을 하고자 했는가?

☐ 여기서 누구 혹은 무엇이 생각하고 있는가?


자신이 무슨 생각을 하는지를 지각하라. 그러면 자신의 생각에 대해 생각할 수 있다. 이렇게 할 수 있으면, 자신이 정말로 그렇게 생각하고자 하는지, 아니면 다르게 생각하고자 하는지를 결정할 수 있다. 이런 훈련을 통해 차츰 의식적으로 생각할 수 있고, 사고 면에서 더

4장 이기주의자와 이타주의자 사이

많은 자유를 누릴 수 있다. 이런 훈련을 통해 드디어 자신의 머리를 장악할 수 있게 되는 것이다.

---

예민한 사람들은 사고 면에서 자신의 재능을 괴로움과 결핍으로 경험할 것인지, 의식을 계발시켜나갈 것인지를 선택해야 한다. 다른 사람들의 생각과 그에 적응하는 방식을 기본으로, 자신의 원래 생각이 부자연스럽게 불쑥 치고 올라오는 가운데 갈등하며 계속해서 옛 사고 습관들을 따를 것인지, 아니면 책임지는 태도로, 능동적이고 의식적인 사고 능력을 계발할 것인지 선택해야 한다.

### 우리 머릿속의 적수

두뇌를 어떻게 사용할 것인지, 무슨 생각을 할 것인지, 이런 생각으로 어떤 영향을 받을 것인지 하는 것은 지능의 높고 낮음과는 별개의 문제다. 지능은 자아실현에 건설적으로 기여할 수 있고, 행복하고 즐겁고 성공적인 삶에 도움이 될 수 있다.

하지만 이런 지적 능력을 무조건 다른 사람에게 맞추고, 자신의 색깔을 없애고, 자신의 행복과 기쁨을 방해하고, 스스로를 저지하는 데 사용하게 되는 형국이라면 이런 사람은 자기 안에 지적인 적수를 두고 있는 셈이다. 이런 적수를 무력화시키기는 쉽지 않다. 이런 적수가 자신에게서 벗어나려는 모든 시도를 일찌감치 감지하고 지적으로 저지해버리기 때문이다.

하지만 지능이란 무엇일까? 지능 테스트는 무엇에 쓸모가 있을까? 그리고 그것은 어떻게 측정되는 것일까? 지능 테스트는 입력과 출력으로 이루어진다. 과제를 던져주고, 그 결과를 평가하는 것이다. 그사이에 어떤 작업이 이루어지는지는 알지 못한다. 두뇌는 블랙박스와 비슷해서 그 결과만을 측정할 수 있다. 지능 테스트는 자신의 지능을 일관되게 문제 해결을 위해 사용할 수 있는 사람들에게만 적합한 테스트인 걸까? 불안하고 차별화된 사고 가운데 자꾸만 다른 사람의 생각에 맞추려는 사람, 지능을 상당 부분 자신의 생각을 정리하는 데 투입하는 사람에게서 테스트는 무엇을 측정할 수 있을까?

나는 예민한 사람들 중 지능지수가 높은 사람들과 그렇지 못한 사람들을 관찰하는 가운데, 예민한 동시에 지능지수까지 높은 사람들이 더욱 혼란을 겪을 수 있음을 발견했다. 자신이 보통 사람들과 다르다는 것을 느끼고 이해받지 못한다는 것을 느끼면 머리가 좋은 사람들은 지각뿐 아니라 사고까지 주변에 맞추고자 한다. 그러면 그들의 사고는 그들 자신에 저항하며, 자신의 색깔을 펼칠 수 없게 만든다. 그래서 결국

4장 이기주의자와 이타주의자 사이

그들은 자신들의 머리를 더 이상 신뢰하지 못하며, 생각으로 다른 사람들의 관심사를 대변하는 가운데 스스로를 더욱 눈에 띄지 않게 만들 수밖에 없다.

이런 식의 사고가 결정을 내릴 때 어떤 영향을 미칠지는 자명하다. 결정을 내려야 할 때면 마치 미지수가 너무 많은 수학 문제를 풀 때처럼 골치가 아파오며, 머리를 굴리는 것만으로는 도무지 해결할 수가 없다. 그러므로 현명한 결정을 하기 위해서는 신체와의 접촉이 필요하다. 직감, 육감이 필요한 것이다. 신체, 특히 배에게 결정을 위임하라.

### 사고의 장애물

- 예민한 사람들은 자신의 중심을 잃어버리고 자신의 뚜렷한 입장이 없이 사고한다(이것은 많은 상황에서 장점으로 작용할 수도 있다).
- 신체를 도외시하는 가운데 생각하기 때문에, 신체가 주는 승인의 느낌이 없다.
- 생각은 갈피를 잡지 못하고 길을 잃어버리며, 명확한 결론에 이르지 못한다.
- 신체와의 접촉을 잃고, 중심도 잃은 상태에서는 자신의 한계와 힘이 어느 정도인지 고려할 수가 없다. 그래서 스스로를 혹사시킬 확률이 많다.

- 자신의 중심과 입장을 잃은 생각은 자신의 관심사에 부응하지 못한다.
- 주변에 무조건 맞추어주는 것과 주변을 거스르는 것, 융통성과 경직성, 박애주의와 때늦은 이기주의 사이에서 생각이 갈피를 잡지 못하고 왔다 갔다 한다.
- 행동하는 대신 생각만 하게 되어, 생각이 일의 진전을 방해하게 된다.
- 생각이 이상주의로 흘러, 숙고를 실행에 옮기는 대신에 완벽성에 대한 요구만 높아간다.

### 예민한 사람들에게 잠재해 있는 사고 능력들

- 객관적이고 공정하다.
- 사려 깊고, 맹목적이지 않다.
- 철저한 동시에 종합적이다.
- 관습의 제약을 받지 않는다.
- 다른 사람들의 관심사도 존중한다.
- 행동이 미치는 영향과 결과, 장기적인 영향도 함께 고려한다.
- 비판적인 동시에 자기 비판적이다.
- 순간적인 실현 가능성의 제한을 받지 않아, 상당히 장기적인 안목을 지닐 수 있다.
- 실행에 대한 필요와 가능성을 연결시킨다.

- 사고의 상대성을 알고 스스로를 의식한다.

### 사고에 도움이 되는 구체적인 질문들

- 나 자신의 성장에 도움이 되는가? 아니면 방해가 되는가?
- 망설이고 의심하고 이의를 제기하게만 할 따름인가?
- 내가 능동적인 사람이 되는 데 도움이 되는가? 아니면 나를 방해하고 브레이크를 걸기만 하는가?
- 행동은 하지 않고 생각만 하는가?
- 현실적인 소망인가, 아니면 나로 하여금 닥친 일은 하지 않고 한눈팔게 하는 이론에 불과한가?
- 이런 생각이 도움이 되는가? 누구에게 도움이 되는가?
- 나는 무슨 생각을 금기시하는가?
- 이런 식의 생각이 상황을 더 명료하게 만들어주는가? 아니면 모든 것을 더 복잡하게 만드는가?
- 이것이 내 생각인가? 아니면 누군가에게 영향을 받은 생각인가?
- 이런 생각이 고집스럽고 완고한가?
- 이런 생각이 다른 사람의 생각 중에서 부정적인 면만 넘겨받은 것은 아닌가?

의식적으로 사고하려면, 우선은 자신이 무슨 생각을 하

는지를 지각해야 한다. 종종 "내가 지금 무슨 생각을 하고 있지?"라고 물어라. 그래야 비로소 당신이 정말로 그렇게 생각하고 싶은지 아니면 생각을 바꾸고 싶은지를 결정할 수 있다. 이런 훈련을 통해 자신의 정신 능력을 주체적으로 사용할 수 있을 것이다.

4장 이기주의자와 이타주의자 사이

# 타인의 생각을
# 읽는 능력

|

예민한 사람들 중에는 다른 사람들의 생각에 감정이입할 뿐 아니라, 나아가 영감이 뛰어나고 심지어 영안이 트인 사람들이 있다. 그들은 흔한 직관 정도로는 알 수 없을 것들까지 감지할 때가 많다. 가령 낯선 사람들의 생각이나 그들이 처한 상황, 과거나 미래에 있었던 사건들을 감지한다. 하지만 이런 능력은 자칫 당사자를 불안하게 만들고, 자신이 허풍쟁이나 사기꾼이라도 된 것 같은 기분을 느끼게 한다.

그래서 이런 재능은 자신에게 굉장히 부담스러울 수 있다. 어린 시절에 이미 그들은 자신들이 원치 않는 지각에 노출되어 있다고 느낀다.

게다가 자신들이 지각한 것을 말하면 종종 받아들여지지 않고 비하되고, 웃음거리가 되고, 무시되는 경우가 있다. 그래서 이런 아이들은 다른 사람들과 터놓고 말하지도 못한 채 자신의 지각을 부담스러워하게 된다. 이런 재능을 어떻게 다루어야 하는지 아무도 가르쳐주지 않기 때문이다.

결국 초감각적인 것을 지각하는 것이 아니라, 정보를 의식적으로 조절하고, 제한하고, 때로는 자신의 안테나를 완전히 꺼버린 채 스스로 너무 힘들어지면 안 된다는 도전 과제에 직면한다. 그러므로 지각을 섬세하게 구분하는 것이 중요하다. 이런 자극이나 상황이 자신의 두려움, 걱정, 소망, 희망에 관한 것인지, 아니면 다른 사람들의 두려움, 걱정, 소망, 희망에 관한 것인지, 아니면 초감각적인 지각인지를 구분해야 한다.

그런데 정말로 뛰어난 영감을 가진 사람은 자신의 능력을 의심스럽고 탐탁지 않은 짐으로 느끼는 반면, 이런 능력이 없는 사람 중에는 이런 능력을 탐하는 사람들이 있다. 영감을 이용해 스스로를 과시하고 인기를 얻고자 하는 사람들을 위해서 이런 능력을 연마시키는 강좌까지 있을 정도다. 그렇지 않아도 현실에 발을 붙이지 못하는 사람들을 더 붕 뜨게 하고, 가뜩이나 자극을 조절하지 못하는 사람들에게 더 많은 자극들을 쏟아붓는 강좌들이다. 사람들은 스스로를 위험하게 하는 대가로 돈까지 지불한다.

4장 이기주의자와 이타주의자 사이

정말로 영매 기질이 있는 예민한 사람들이라면 자신의 지각을 섬세한 부분까지 의식하여, 다양한 자극들을 구분하고 그것들을 조절하는 것이 중요하다. 스스로 중심을 확실히 잡고, 땅에 발붙이고 경계 설정을 명확히 할 수 있어야만 현실을 기반으로 초월적인 능력도 계발해나갈 수 있는 법이다.

### '생각 읽기'의 위험함

생각을 읽는 능력은 갈등 상황에서 특히나 파괴적으로 작용할 수 있다. 가령 부부 싸움을 하는 중에 예민한 남편이 아내에게 그녀가 자신과 헤어질 생각을 품고 있다며 마구 다그치고 비난하는 경우가 발생하면, 싸움은 본질적으로 더 커질 수밖에 없다.

기본적으로 상대가 입 밖으로 내지 않은 생각을 가지고 상대를 비난해서는 안 된다. 무엇보다 상대의 생각을 100퍼센트 알 수 없기 때문이고, 생각을 꿰뚫어 보고 있다고 말은 하지만, 사실은 자신의 두려움이 합쳐져 혼선을 빚는 경우가 많기 때문이다. 게다가 어떤 생각을 한 당사자조차 자신의 생각에 대해 속속들이 다 알지 못한다는 점을 염두에 두라. 우리 두뇌 속에서는 많은 생각이 동시에 일어나며, 일반적으로 우리는 그중 하나만을 의식한다. 두세 가지 생각의 흐름을 동시에 의식하는 경우도 그리 많지 않다.

그러므로 논쟁이나 토론을 할 때는 상대가 입 밖으로 낸 말만을 근거로 해야 한다. 정말로 갈등을 해결하려 한다면 상대가 발설하지 않은 마음속 생각까지 도마 위에 올려서는 안 된다. 그런 것까지 운운하는 것은 불난 집에 부채질하는 격이 될 뿐이다.

# 효과적으로
# 갈등에 대처하는 법

|

예민한 사람들은 자신의 관심사를 너무 늦게 대변하는 경우가 많다. 뒤늦게 자신의 주장을 펼치곤 한다. 예민한 사람들이 보통 사람들보다 스스로를 잘 지각하지 못하며, 에너지의 중심을 잡지 못하고, 세계를 자신의 시각에서 바라보지 못하기 때문이다. 자신의 필요를 적시에 알아채지 못한다. 자신의 관심사, 소망, 요구를 지각하지 못하고, 대신 타인의 필요를 지각하거나, 정의, 평화, 화해 등 더 높은 가치와 관점들을 우선시하는 경우가 많다.

　이렇듯 자신의 필요를 뒤늦게 감지하곤 하는 예민한 사람들의 생존 전략 내지 성공 전략은 공격적으로 나가기보다 적시에 위험을 느끼고 제때에 물러나 스스로를 안전하게 하는 것이다. 동물들에게도 이런 전략은 매우 중요하다. 예민한 사람들이 경쟁적, 지배적 행동을 싫어하고, 화해, 균형, 정의 같은 가치들을 우선시함에도 불구하고, 예민한 사람들 중 조화와 균형 가운데 살아가는 사람들이 적다는 것은 앞에서도 이미 지적했다. 그 이유는 자기 색깔을 포기하고, 스스로를 무시하고 내어줄수록 열린 갈등 내지 숨겨진 갈등에 노출될 수 있기 때문이다.

그러므로 예민한 사람들의 진정한 생존 전략은 건강한 이기주의, 자신의 관심사를 대변하는 능력, 자신의 색깔을 분명히 하고, 삶에서 자신의 역할을 감당하는 것 등이다. 일반적으로 어린아이는 다른 사람들의 필요를 배려하기보다 자신과 자신의 필요를 중심에 놓는 것이 보통이다. 하지만 예민한 사람들은 어린 시절에도 그렇게 하지 못하는 경우가 많다. 다른 사람들의 필요를 우선적으로 지각하거나 공동체의 요구를 더 우선으로 하고 그다음에야 자신의 필요를 지각하곤 했다. 그러므로 예민한 사람들에게는 자신의 욕구와 관심사를 최우선으로 하는 훈련이 필요하다. 보통 사람들은 가만히 놔두면 자연스럽게 이기적으로 행동하고 박애적인 행동을 훈련해야 하는 반면, 예민한 사람들은 기본적으로 이타주의자로서 인생을 출발하며, 삶을 살아가면서야 비로소 어느 정도 이기주의의 필요성을 깨닫게 되는 것이다.

예민한 사람들은 자신의 필요보다 이상이나 다른 사람들의 필요를 앞세우기 쉽다. 고상한 기사가 과부와 고아의 권리를 위해 용감하게 싸우는 심정으로 세상을 살아가기도 한다. 하지만 자신의 필요에 관해서는 필요를 내세우지도 못할뿐더러, 그것을 똑바로 의식하지도 못한다. 자기 앞에 주어지는 기회나 도전도 적시에 인지할 수 없는 경우가 많다. 스스로를 앞세울 수 있는 좋은 조건이 주어졌는데도 말이다.

## 기회를 놓쳐버리기

예민한 사람들은 일반적으로 케이크를 다 나누고 난 다음, 뒤늦게 움켜쥐고자 한다. 모두가 케이크를 받을 수 있도록 신경을 쓰다가, 모두가 조금씩 받았는데 자신만 빈손이라는 걸 깨달은 다음에야 부당함을 제기하고 만회하려는 것이다. 그러다 보면 실망한 나머지 비난의 목소리를 높이기도 한다.

예민한 사람들은 자신들을 돌보지 않는 가운데, 속으로 자신들이 잘해주는 만큼 다른 사람들도 잘해주기를 기대한다. 다른 사람들이 그렇게 해주지 못할 경우, 평화를 깨뜨리는 건 예민한 사람 자신들이다. 그러면 상황은 역전되고 그동안 이타주의적 경향을 보이던 예민한 사람들은 이기주의자들로 돌변한다. 방금 전까지 아량을 보이던 사람들이 이제 이기적이고 인색하고 편협한 사람들로 드러나는 것이다.

다른 갈등도 마찬가지다. 스스로를 지각하지 못하는 사람은 현재 자신의 관심사와 요구가 다른 사람들의 관심사와 배치될 수도 있음을 지각하지 못한다. 또한 조화와 균형을 위해 자신의 색깔을 분명히 드러내야 한다는 것을 깨닫지 못한다. 자연스럽게 스스로의 존재를 알릴 수 있는 순간들을 놓치고 만다. 반대로 이해심과 공감을 보이면서 상대방이 그의 관심과 필요를 강하게 대변하도록 오히려 부추긴다. 그것들이 자신의 관심사에 배치될지라도 말이다.

사실 시점만 잘 맞으면 손동작이나 시선, 자세 변화 하나만으로도 자신의 입장을 견지하거나 상대와 거리를 두는 데 충분하다. 하지만 적절한 시기를 놓치고 나면 이미 약간 부자연스러워지며, 나중에는 대화나 토론을 통해 조율해야 하고, 이런 시점마저 놓치고 나면 정말로 빈손으로 가야 하거나, 법적 해결을 도모해야 하는 경우까지 생긴다. 그러므로 자기를 관철시키거나 갈등을 해결하는 것이 예민한 사람들에게 특히 스트레스가 되는 것은 당연하다. 예민한 사람들은 긴장해서 굳어지거나 경직될 때가 많고, 싸우지도 않고 뒤로 물러날 때가 많다. 주체적으로 자신의 생각을 말하는 것을 제대로 배우지 못하고 일방적으로 손해를 보게 된다. 그리고 그 영향으로 다시금 갈등을 두려워하게 되고 피하고자 한다. 하지만 이런 식의 대응을 계속할 필요는 없다.

## 갈등 관리 능력을 배우기

이런 메커니즘이 계속될수록 예민한 사람들의 마음속에는 반감이 쌓이며, 종종 자그마한 요인으로도 쉽게 폭발하고 만다. 작은 일인데도 비정상적으로 과민반응을 보이는 것이다. 그러면 이제 이런 공격적인 행동이 사람들의 눈엣가시처럼 다가오고, 예민한 사람들은 자신이 그렇게 반응했던 것을 후회하며 더욱 평화와 화목을 위해 노력하고 더욱 자신의 관심사를 무시하며 세상으로부터 숨어 있게 된다. 그러다 어느 순간 다시금 반감이 너무 많이 쌓여 조그만 일에 폭발하게 될 때까지 말이다.

그러므로 일찌감치 자신의 경계에 유의하고, 그것을 깨닫고, 다른 사람에게 신호하고, 불가피한 경우 방어하는 것이 중요하다. 그러려면 갈등 대처 능력을 키워야 한다. 거절하고 자기 목소리를 내는 사람은 좋은 소리를 듣지 못하고, 혼자 남겨질 각오를 해야 한다. 갈등을 각오하지 않으면 자신의 영역을 점점 더 포기하고 넘겨주게 될 뿐이다. 그리고 나면 외적 갈등은 내부로 옮겨져서, 만성 스트레스와 신체적 불편 증상이 수반된다.

자신의 색깔이 없고 자신의 주장이 확실하지 않은 사람은 자연스럽게 외부로부터 공격과 간섭을 받는다. 하지만 색깔이 확실하고 주장이 확실하면 그 누구도 함부로 공격하지 못한다. 자신의 의견을 분명히 드러내지 못하는 사람은 계속 내적, 외적 갈등 가운데 살게 되며, 경계를 불확실하게 설정하면 계속 부딪히고 마찰을 빚게 된다. 자신이 어떻게든 피하고 싶었던 상태에 들어가게 되는 것이다.

그러므로 이러한 도전 앞에 선 예민한 사람은 예민함이라는 재능을 건설적으로 활용해야 한다. 예민한 성향으로 긴장을 미리 지각하고 그것을 미리 이야기하고 해결해야 하는 것이다. 물론 용기가 필요하다. 약간의 용기만 있으면 예민한 사람 특유의 민감성과 객관성으로 갈등을 사전에 예방할 수 있다. 그러면 주도권을 확보하게 되고, 신속하고 신중하게 적수의 마음을 가라앉힐 수 있다. 그보다 상대가 적으로 변신하는 일을 없앨 수 있다. 공공연한 갈등이 생기면, 더 폭넓은 시야와 상대를 인격적으로 존중하는 자세로 건설적인 해결을 도모할 수 있다.

약간 모순적이지만 분명한 효과를 기대할 수 있다. 삶에서 자신의 역할을 감당하고, 편안하고 자연스럽게 자신을 챙기고 자신의 색깔을 분명히 할 때, 그토록 바라던 조화와 균형에 도달하게 된다는 사실!

**1.**

☐ 갈등을 떠올려보라. 갈등 상황을 생생하게 눈앞에 그려보라. 처음부터 한 걸음 한 걸음 밟아나가면서, 갈등의 과정을 연극의 막처럼 조각조각으로 나누어라.

☐ 갈등의 마지막 부분을 다시 한 번 훑어나가되, 상상 속에서 스스로 만족할 수 있을 만큼 자신의 태도를 변화시켜 보라. 상상 속에서 자신의 마음에 드는 모든 행동을 허용하라.

☐ 끝에서 두 번째 막을 훑어나가면서 스스로 만족할 만큼 자신의 태도를 변화시키라. 이 부분의 행동을 변화시키면 마지막 단계에 어떤 영향을 미치는가? 마지막 막도 더 바꾸고 싶은가?

☐ 이제 끝에서 세 번째 막으로 돌아가 훑으면서 앞에서처럼 해보라. 상황의 첫 막에 이르기까지 그렇게 해보라.

**2.**

☐ 갈등이 시작되고 있다는 최초의 낌새가 언제 나타났는가?

☐ 그것을 어디에서 감지할 수 있었는가?

☐ 어떻게 갈등을 예방할 수 있었을까?

☐ 최초의 낌새가 나타난 부분부터 머릿속 필름을 다시금 돌려보라. 그 가운데 상상 속에서 자신이 만족할 수 있게끔 행동해보라.

**3.**

☐ 갈등 상황이 그다지 요란하게 치닫지 않았을 뿐 아니라, 금방 종료될 수 있었을까?

우리는 상상을 통해서도 바람직한 행동을 배우고, 행동을 변화시킬 수 있다. 상상 속의 연습은 두뇌 속 뉴런을 새롭게 연결시킨다. 상상을 반복하면 뉴런 연결은 더 강해지며, 어느 순간 이런 새로운 길은 친숙한 방식이 되어, 우리의 오랜 습관을 대신하게 된다.

4장 이기주의자와 이타주의자 사이

# 조언자이자
# 희생자인 사람들

I

1920년대에 에른스트 크레치머가 '예민한 반응 유형'을 썼을 때까지만 해도, 예민한 사람들은 직업적 능력이 뛰어난 편이었다. 하지만 사회적 조건이 본질적으로 달라졌다. 사회가 점점 빠른 속도로 바뀌고, 정보가 홍수처럼 밀려오는 동시에 성과에 대한 압력이 증가하고, 사회 분위기가 점점 경쟁적으로 변해가고, 결속이 와해되면서 예민한 성향을 직업적 플러스 요인으로 경험하지 못할 때가 많아진 것이다. 오히려 예민한 성향을 가진 사람들이 힘들어하고 방향을 잡지 못하는 경우가 늘어나고 있다.

세상이 점점 더 빨리 돌아가면서 예민한 사

람들이 약점을 강타당하고 있다. 자극을 받아들이고 처리하는 일들이 점점 힘들어져서 예민한 사람들은 우선적으로 적응하는 데 부담을 느끼고 있다. 물론 예민한 사람들만 이러한 상황을 힘들어하는 것은 아니다. 예민한 사람들이 이런 괴로움을 가장 먼저 느끼지만, 결국 모두에게 괴로움이 되기 때문이다. 이러한 상황에 적응하지 못하는 사람은 직업 생활에서 밀려나고 실업 상태에 빠지기 쉽다. 경제적으로나 사회적으로 탈락당하게 되는 것이다.

그렇다면 예민한 사람들은 어떻게 해야 할까? 세상으로부터 숨어서 은둔하다시피 살아간다고 해결되는 것은 없다. 그 대신 자극을 받아들이고 자극을 처리하는 일에 더 의식적으로 임해야 한다. 예민한 사람들은 직업적으로 기여할 수 있는 부분이 많기 때문에 이런 기술을 배우면 사회적으로나 직업적으로 소중한 기여를 할 수 있다.

다른 사람보다 더 민감하게 지각하는 것, 잘못되고 개선해야 할 것들을 우선적으로 지각하는 것, 앞으로의 추세와 전망을 민감하게 느끼는 것, 주변 사람들의 관심사를 감지하고, 적절한 시점에 적절한 어조로 챙겨줄 수 있는 것. 예민한 사람들의 이런 능력이 직업 생활에서도 굉장한 장점이 된다는 걸 누가 의심할 수 있을까?

## 어느 직업이 알맞을까?

직업이란 자신이 가진 재능과 능력을 투입해 일을 하고 생계를 유지하고 삶의 보람을 얻는 활동을 의미한다. 하지만 예민한 사람들 중에는 직업 활동을 이보다 훨씬 더 높은 차원에서 생각하는 사람이 많다. 때로 그들은 직업 활동을 통해 세계를 개선하고 싶어 한다. 그런 커다란 영향력을 발휘할 수 있는 전제들을 갖출 수 있을지, 그런 활동으로 먹고살 수 있을지는 부차적인 문제다.

누누이 말했던 예민한 사람들의 약점, 즉 중심을 잘 잡지 못하고 자신의 힘과 한계를 제대로 파악하지 못하는 것은 직업 선택에도 영향을 미칠 수 있다. 심지어 어떤 예민한 사람들은 자신에게 무리가 되는 일을 선택해서 감당할 수 없는 나머지 갈등을 겪거나, 반대로 스스로의 힘을 너무 과소평가해서 제대로 능력 발휘를 할 수 없는 직업을 선택하기도 한다.

—

열서너 살 무렵 나는 알베르트 슈바이처의 모습을 상상하며 의사가 되고 싶어 했다. 하지만 아버지는 의사의 일이 내게 맞지 않을 거라고 하셨다. 그래서 일단 나에게 여가 시간을 이용해 교통사고 환자들이 실려오는 요하니터 응급센터에서 자원봉사를 해보라고 조언했다. 그곳에서 봉사를 하기 전에 교육을 먼저 받아야 했는데, 나는 그 시간에 사고를 당한 사람들의 슬라이드만 보고도 얼굴이 하얗게 질려서 방을 뛰쳐나와야 했다. 나는 피를 보면 속이 메슥거리고 어지러운 타입이었다. 아직 어려서 지각되는 자극과 거리를 취하는 법을 아직 알지 못했기 때문이다.

—

예민한 사람들 중에도 다양한 사람들이 있다. 지각이 예민하다는 공통점이 있을 뿐, 재능도 다양하다. 그래서 예민한 사람들에게 어떤 직업이 알맞을까 하는 질문에 특정 직업을 언급할 수는 없다. 높은 감수성이 장점으로 작용하는 가운데, 자신이 가진 능력과 재능에 일치하는 직업이면 대략 좋다고 할 수 있다. 직업을 수행할 수 있는 재능이나 능력 없이 감수성만 높은 경우는 예민한 성향 자체가 핸디캡으로 작용할 수 있다. 물론 예민한 사람들 중에 예민함과 결합되어 진정한 능력으로 작용할 수 있는 재능을 갖춘 사람들이 있다. 하지만 재능과 관심사가 너무 많아서 직업 선택이 힘든 사람들도 많다. 나 역시 직업 선택을 할 때 다양한 목표와 가능성 사이에서 이러지도 저러지도 못하고 고민했던 경험이 있다.

대략적으로 볼 때 꼼꼼함을 발휘해야 하는 일, 연관성을 꿰뚫어 보는 일, 섬세하고 차별화된 지각이 필요한 일이 예민한 사람들에게 어울린다고 할 수 있다. 기술적으로 정확성이나 섬세한 손재주를 요하는 일, 눈썰미가 중요한 일들, 감시·통제·분석하고 오류를 찾아내는 일, 개선하고 혁신할 부분들을 찾아내는 일, 무엇보다 기술과 인간을 이어주는 징검다리 역할을 할 수 있는 일도 잘 어울린다.

마케팅 분야에서도 능력을 발휘할 수 있으며, 숫자를 맞추는 회계 업무도 예민한 사람들에게 잘 어울리는 분야다. 물론 각 직업에 대한 능력과 선호가 뒤따라야 하겠지만 말이다. 예민한 사람들은 커뮤니케이션 분야에서도 두각을 나타낼 수 있다. 상대가 말하지 않은 것까지 감지하고 상대가 원하는 것을 잘 파악하고, 상대를 배려하는 의사소통을 할 수 있기 때문이다. 사회복지, 간호, 보건 분야에서도 보람을 느끼며 일할 수 있을 것이다. 또한 민간요법 전문가 중에는 특히나 예민한 사람들이 많은데, 다른 직업에서 실망을 경험한 후 뒤늦게 이런 분야에 몸담게 된 사람들도 있다.

**과거에 대한 환상**

현재의 사회 분위기는 예민한 사람들이 일하기에 그리 좋은 조건이 아니다. 옛날이 좋았다는 말을 하는 사람들도 많다. 옛날에는 예민한 사람들이 '왕의 조언자'로 활동했다고 한다. 하지만 과거를 미화시키는 이런 말들은 착각일 뿐이다. 사실

옛날에는 귀족이 아닌 이상, 모두들 곤궁하게 살았다. 이런 시절에 예민한 사람들은 더 힘들었다. 많은 식구가 비좁고 열악한 공간에 살았고, 혼자 있을 시간이 좀처럼 없었다. 도시는 시끄러웠고, 상하수도 시스템이 제대로 갖춰지지 않은 상태에서 위생 상태는 정말 끔찍했다. 모든 것이 예민한 사람들의 감각을 자극했다. 자아실현? 그런 단어는 생소했고, 모두 관습에 따라 사는 것을 당연하게 여겼다. 이런 어려운 시절에 예민한 성향을 어떻게 계발해나갈 수 있었을까? 세상으로부터 숨어버리는 것은 수도원에 들어가거나, 성직자로 살아갈 때나 가능한 것이었다. 당시 예민한 사람들의 재능과 성격에 가장 어울리는 직업은 수도자나 성직자였을 것이다. 하지만 직업이나 결혼마저 스스로 결정할 수 없는 시대였다. 사회적 관습을 깨고, 파격적인 말과 행동을 하는 사람은 마녀나 이교도라는 의심을 샀다. 그렇게 많은 예민한 사람들이 화형을 당해야 했다. 오늘날 많은 예민한 사람들이 왕따가 되는 것처럼 말이다.

## 윤활유가 되거나, 걸림돌이 되거나

예민한 사람들은 다르게 지각하고 다르게 생각하고 다르게 일한다. 예민한 사람들은 일반적으로 자원해서 까다롭게 일을 한다. 자신의 편의보다는 자신이 하는 작업이 양질의 것이

4장  이기주의자와 이타주의자 사이

되도록 하는 데 더 신경을 쓴다. 두루두루 살피고 선견지명이 있으며, 어떤 부분이 잘못되어 있는지를 지각하고, 고객, 거래처, 동료, 상사의 필요를 느끼고, 상대를 배려해준다. 행간을 읽는 능력이 뛰어나고, 말하지 않은 말까지 듣는 능력이 있기 때문이다. 고집이 있음에도 불구하고 예민한 사람들은 적응 능력이 뛰어나고, 상황과 상대에게 유연하게 맞춰줄 수 있으며, 어려움에 처한 사람을 보면 팔을 걷어붙이고 돕는다. 요란하지 않고 조용한 태도로 회사 분위기에도 기여하여, 늘 직원들 사이에 공평한 처사가 이루어지도록 신경을 쓰고, 다른 사람들을 배려해주고 격려한다. 하지만 예민한 사람들 스스로도 분위기에 좌우되고, 사람들 사이에 긴장이 있으면 그로 인해 쉽게 영향을 받는다.

자신이 실수한 것 때문에 부끄러워하고 내내 신경을 쓰지만, 자기과시나 잘난 체하는 것은 예민한 사람들의 체질이 아니다. 무엇보다 예민한 사람들은 갈등을 피하고 싶어 한다. 개인적인 이해관계와 관련해서는 더욱더 그렇다. 정의나 공정함, 일의 질 같은 것이 문제가 될 때에 오히려 투쟁하고 나서기도 한다.

철저하고 세심하게 일을 하고 성과에 대한 기준이 높으면 자칫 그늘진 면을 동반할 수 있다. 지나치게 일을 잘하려 하고, 고려하지 않아야 할 면까지 고려하고, 전혀 상관이 없는 일들까지 끌어들이려 하는 경향이 있기 때문이다. 예민한 사람들이 이런 경향을 보이면 함께 일하는 사람들이 곤란해진다. 그 밖에 위에 언급한 모든 능력이 언제나 유익이 되는 것은 아니다. 완벽성을 지향하는 데 능력이 따라가지 못할 때, 스트레스와 부담이 균형을 이루지 못할 때, 예민한 사람들이 자기 자신을 제대로 챙기지 못할 때 이런 좋은 점들은 오히려 부작용을 초래할 수 있다. 더 나아가면 신체가 아주 격렬하게 거부반응을 나타내며, 통증과 질병이 뒤따른다.

이쯤 되면 예민한 사람들의 특성은 더 이상 조직의 윤활유로 작용하지 않고, 걸림돌처럼 껄끄러운 역할을 하게 된다. 평소 같으면 두루두루 살피던 사람들이 통찰력을 잃어버리고, 디테일에 몰입되어 사사건건 시시콜콜 따지는 사람으로 변해간다. 책임감은 짓누르는 짐이 되어버리고, 슬슬 실수가 잦아지고, 더 이상 일을 제대로 감당하지 못한다. 부족함을 메꿀 생각은 없고, 오래 억눌려온 필요들이 점점 고개를 들기 시작한다. 예전에 많은 사람들을 도와왔지만, 이제는 자신이 도움을 받을 차례가 된 것이다. 하지만 도움을 받아들이는 데 익숙하지 않을뿐더러, 도와주고자 하는 사람이 없을 수도 있다. 그동안 예민한 사람들에게 상당히 시달려 지쳐버린 사람이 많기 때문이다.

상황이 이 정도 되면 예민한 사람들은 유연하기보다는 경

4장 이기주의자와 이타주의자 사이

직된 사람이 되고, 예민함으로 말미암아 툭하면 화를 내어 사무실 분위기를 엉망으로 만든다. 과민반응을 보이고, 닥치는 대로 지적질을 하고, 다른 사람에게 공감하지 못하거나, 체념한 상태로 지내거나 한다. 예민함이 차갑고 무분별한 태도로 변하면서 남은 건 단지 과민함뿐이고, 스스로 제기한 높은 요구와 우울한 현실 사이의 모순으로 더 고통당한다. 그러고 나면 예민한 사람들은 막다른 벽에 부딪힌 듯, 더 이상 어찌할 수 없는 상태가 된다. 이 시점부터 따돌림과 왕따의 대상이 되는 건 놀랄 일이 아니다.

⸻

**다그마(기획 책임자에서 감사실로 이동)** "질병으로 인해 해고를 당한 일이 나를 악몽에서 구원했어요. 마치 마법사에게 홀린 것처럼 나 스스로가 낯설어졌었죠. 일도 그렇지만 나 자신 때문에 너무나 괴로웠어요. 가장 나빴던 것은 스스로를 추스르지 못하고, 과민하고 추한 사람이 되어 나 자신이 정말 싫어하는 모습으로 변해가더라는 것이에요. 더 이상 참아줄 수 없었어요. 요즘 나는 내가 해고라는 고통 없이 정신 차리는 것이 가능했을까 자문하곤 해요."

⸻

## 의식적으로 일하기

예민한 사람들은 높은 기대와 요구, 많은 것들을 끌어들이고 연결시키는 경향, 원칙적인 숙고로 직업 활동 가운데 스스로를 힘들게 만드는 경향이 있다. 창조적이거나 학문적인 일에서는 이런 경향이 유익으로 작용해서 독립적인 성과로 이어질 수 있다. 그러나 다른 분야에서는 이런 철저한 태도 때문에 일의 진척이 없고 시간이 많이 걸리는 경우가 많다. 그래서 주의하지 않으면 자칫 일이 너무 느려지게 된다. 그러므로 일을 하는 가운데 스스로를 잃지 않기 위해 의식적으로 일을 하는 것이 중요하다. 일을 하기 전에 잠시 멈추어서 과제 배분을 하되, 과제를 의식적으로 제한하고 자신의 요구도 제한하라. 이렇게 잠시 조율하는 데 들이는 시간은 낭비하는 시간이 아니다. 결국 필요한 시간의 몇 배를 아낄 수 있기 때문이다. 꽤 긴 시간이 걸리는 과제에서는 중간중간 한 번씩 거리를 두고 '전체 지도'를 조망하는 것이 필요하다. 그래야 방향을 잡고 과제와 목표를 눈앞에서 잃지 않을 수 있다. 내가 어디에 있는지, 나는 어디로 가고자 하는지를 물어야 한다.

무엇보다 과제를 명확히 하고 자신이 얼마만큼 할 것인지를 정리하는 것이 중요하다. 예민한 사람들은 자신에 대한 요구가 지나치게 높고, 목표를 상당히 높게 설정하는 경향이 있다. 요구에 부응하고자 하는 마음에서 정말 부담스럽고 힘들

4장 이기주의자와 이타주의자 사이

다는 느낌까지는 멀지 않다. 그러므로 요구를 줄이고 경계를 적절히 설정하는 것이 일을 수월하게 해준다. 과제를 어느 정도 수준으로 해낼 것인지도 적절히 정해놓는 것이 좋다.

### 직업적으로 새로운 방향을 잡기

예민한 사람들 중에는 어떤 분야에서 몇 년 일하고 난 뒤 직업적으로 새로운 방향을 찾고 싶어 하는 사람들이 많다. 자주적으로 직업 선택을 하지 못하고, 자신의 적성을 따르지 못한 경우에는 그런 마음이 더욱 커진다. 너무 높은 요구를 설정하여 일이 여러 번 어그러지는 것을 경험한 데다, 거의 탈진에 이를 정도로 에너지를 소비한 경우에도 전직의 필요성이 강하게 대두된다. 지각을 다루고, 자극과 정보를 처리하는 데 문제가 있어서 이런 일이 일어난다는 생각은 여간해서 하기 힘들기 때문이다. 자신의 높은 요구와 직업적 현실 간의 괴리가 문제가 된다는 것도 파악하기가 힘들다 보니, 직업 자체가 문제라고 생각하기 쉽다.

## 과제에 대한 질문

☐ 어떤 과제인가?

☐ 내가 할 일은 무엇인가?

☐ 중요한 것은 무엇인가?

☐ 내가 해야 하는 일이 아닌 것은 무엇인가?

☐ 내가 감당해야 하는 일의 경계는 어떻게 정해지는가?


## 일의 경제성에 대한 질문

☐ 어떻게 하면 이 과제를 쉽고 빠르게 해결할 수 있을까?

☐ 이미 알고 있는 해결 방법은 어떤 것인가?

☐ 어떤 틀, 어떤 경험, 어떤 수단을 활용할 수 있을까?

☐ 어떻게 하면 많이 힘들이지 않으면서 쉽고 빠르게 일을 할 수 있을까?

☐ 어떻게 하면 일을 유쾌하게 할 수 있을까?

☐ 아이들은 노는 게 일이다. 나도 일을 놀이 삼아 할 수 있을까?

☐ 여가 시간에 내게 어떤 보상을 해줄 수 있을까?

☐ 일의 경제성은 동시에 일의 생태성이어야 한다! 건강하고 컨디션을 잘 유지할 때, 자기 자신이 발전 잠재력을 갖춘 자신의 가장 크고 유일한 자원임을 명심하라.

**자신과 일에 대한 요구에 관한 질문**

☐ 내게 요구되는 것들(가령 상사 편에서 요구하는 것)은 명확한가?

☐ 나 스스로 요구의 명확함에 어떤 기여를 할 수 있을까?

☐ 스스로에 대한 요구를 의식하고 그것을 감당할 수 있을 정도로만
제한하라.

---

이런 위기는 대부분 직업에 의미를 느끼지 못하는 것으로 나타난다. 자신이 몸담은 직업이 자신에게 의미가 없는 것으로 여겨지기 때문이다. 의미란 원래 상대적이고, 늘 상황에 따라 구성된다. 똑같은 직업인데도 전에는 굉장히 의미 있게 보였다는 것을 간과해버리곤 한다. 의욕이 없고 의미가 없다고 느끼는 것은 대부분 진이 빠지고 힘을 잃어버렸기 때문이다. 그리고 이렇게 진이 빠진 것은 일에 대해 너무 이상주의적인 입장을 가지고 있거나, 에너지 관리, 즉 일의 경제성을 고려하는 면이 부족했기 때문이다.

—

교사인 레기네는 위기에 빠졌다. 어떤 책을 읽고 나서 일의 의미에 대해 회의를 느끼게 되었고, 이 직업이 자신에게 맞는지 심각한 의문을 제기했다. 레기네는 교사직을 때

려치우고 일단 과외 수업을 하면서 직업을 바꾸고자 했다. 더 의미가 있고, 적성에 더 잘 맞으며 스스로에게 동기부여가 되는 직업을 찾기로 했다. 그러나 아무리 생각해도 자신에게 잘 맞는 직업이 무엇인지 알 수가 없었다. 그리고 여섯 번의 코칭 상담 끝에 그녀는 교사직을 고수하기로 했다.

—

직업적으로 새롭게 방향을 전환하는 경우 예민한 사람들은 모든 기준을 첫 직업보다 높게 설정하곤 한다. 세상을 바꾸거나 자기를 실현시키고자 하는 노력 가운데 자신과 자신의 직업에 대한 요구를 강화시킨다. 그리고 무리하게 힘을 쓰면서 스스로를 혹사하고, 나중에는 결국 체념해버린다.

하지만 직장을 옮기거나 새로운 일자리를 찾는 게 아니라 일, 동료, 상사에 대한 입장을 변화시키면 문제가 해결된다는 것이 드러날 때가 많다. 이직 고민 중에 있다면 비용을 지불하고 상담을 받거나 세미나에 참가해보는 것도 좋다. 이때 발생하는 비용은 사직이나 휴직, 실업으로 인해 초래되는 비용보다 훨씬 저렴할 것이다.

평소 앉는 의자 말고 다른 의자에 앉아서 스스로를 한번 관찰해보라. 맞은편에 앉은 자기 자신이 당신의 가장 좋은 친

구라고 생각해보라. 그 친구가 에너지 관리를 잘할 수 있도록
어떤 조언을 해주고 싶은가? 어떻게 하면 여가 시간을 이용
해 더 많은 에너지를 만들어낼 수 있을까? 어떤 활동을 통해
그동안 쌓인 긴장을 가장 잘 풀 수 있을까? 어떻게 하면 더
적은 에너지를 들여 더 많은 것에 도달할 수 있을까?

　예민한 사람들은 자신을 위해 투자하고, 자신의 직업적, 물
질적 기반을 든든히 마련하는 것이 중요하다. 다른 사람들보
다 취약하고, 사회적 유대 관계가 별로 없는 경우가 많아 위기
를 만나면 온전히 혼자 남게 되는 경우가 많기 때문이다. 그러
므로 스스로를 이롭게 할 도움들을 확보해놓는 것이 좋다.

---

└ **생각해보기**

### 직업을 바꾸고 싶을 때 필요한 질문들

☐ 내가 구체적인 목표로 매진하고 있는가, 아니면 지금 이 상황이
　싫어서 도망가려 할 뿐인가?

☐ 도망가는 것이 주 목적이라면 지금 뭔가 분명히 해야 하거나 배워
　야 할 것이 있다고 보면 된다. 그렇지 않으면 다시금 비슷한 위기를
　겪을 위험이 있다. 대부분은 직업을 바꾸기보다 가능한 한 지금의
　상황에서 자신과 자신의 태도를 변화시키는 것이 더 효율적이다.

**직업을 바꾸고 싶은 이유가 정확히 무엇 때문인가?**

☐ 일 자체의 문제인가?

☐ 일의 양이 너무 많거나 힘든가?

☐ 동료들과의 관계 때문인가?

☐ 상사들과의 관계 때문인가?

☐ 고객이나 거래처와의 관계 때문인가?

☐ 의욕이 사라졌거나 직업적 동기가 변했나?

☐ 인정받지 못했나?

☐ 조건이 달라졌나?

☐ 스스로의 기준이 높아졌나?

☐ 외부로부터의 인정 부족 때문인가?

☐ 건강이나 에너지 상태 때문인가?


**현재의 상황을 변화시키기 위해 어떤 방법을 시도해봤는가?**

☐ 상황을 변화시킬 또 다른 방법이 존재하는가?

☐ 직장 측과 상황을 조율하기 위한 대화를 이미 해보았는가?

☐ 외부로부터 어떤 도움을 요구할 수 있을까?

☐ 사적으로 상의할 사람이 있는가?

---

# 동경하거나
# 후퇴하거나

|

예민한 사람이라고 해서 모두 내향적이고 혼자 있고 싶어 하고, 내면세계에 관심이 많은 것은 아니다. 예민한 사람들 중에는 내향적인 사람들도 있지만, 사람들과의 만남을 좋아하고 외향적인 사람들도 있다.

또 외향적인 사람이라고 해서 늘 사람들과 어울리며 사는 것은 아니다. 나는 외향적이지만 은둔해서 살아가다시피 하는 예민한 사람들을 많이 보았다. 그들이 그럴 수밖에 없었던 것은 비하와 따돌림, 간간이 경험하는 상처들을 어떻게 극복해야 할지 모르기 때문이었다.

## 커뮤니케이션이라는 재능

사실 예민한 성향은 의사소통에서 강점으로 작용한다. 예민한 사람들은 촉이 빠르고, 상대의 상황에 감정이입을 잘할 수 있기 때문이다. 상대방이 어떻게 지내는지를 예민한 사람만큼 정확히 느끼는 사람은 별로 없을 것이다. 하지만 이렇듯 상대의 상황에 감정을 이입하면서 스스로 중심을 잡지 못하고 경계를 설정하지 못하면 만남 가운데 스스로를 잃어버릴 위험이 있다. 다른 사람과 자신이 뒤섞이기 때문이다. 나는 누구일까? 상대는 누구일까? 내가 왜 여기에 있을까? 나 스스로를 느낄 수 있을까?

예민한 사람으로서 자신의 색깔을 잃어버리고, 자신의 정체성을 분명히 하지 못하면, 각종 인간관계와 그로 인한 불균형을 초래할 수 있다. 그러면 스스로 착취당하거나, 조작당할 위험이 있고, 모략에 휘말릴 위험이 있다. 열려 있을수록 더 상처를 받기가 쉽다. 아무것도 모르고 파괴적인 심리 게임에 말려들어갈 수 있기 때문이다.


## 친근함에 대한 동경과 경계 설정 사이

우리가 인생에서 처음으로 긴밀한 관계를 맺었던 사람은 엄마였다. 우리는 엄마의 배 속에서 안전하게 보호되었고, 필요한 것들을 공급받았다. 태어난 뒤에도 엄마와 오랫동안 긴밀한 관계를 유지했다. 이렇듯 우리는 완전히 친밀하고 하나 되는 관계를 동경하며, 심지어 어떤 사람들은 일생 동안 이런 상상을 실현시키기 위해 노력한다. 초월적인 것을 추구하는 경향으로 나타나기도 한다.

하지만 바깥 세계는 기대했던 것과는 아주 다르다. 가정 안에서 이미 우리는 부모의 사랑과 관심을 놓고 다퉈야 하는 경쟁자를 만난다. 바로 형제자매들이다. 조금 더 크면 놀이터와 유치원과 학교에서, 시간이 더 흐르면 공장이나 사무실에서 경쟁자들을 아주 많이 만난다. 설사 서로 호감을 가지고 있다고 해도 그들은 인기와 명성, 자리, 승진, 월급, 영향력을 두고 함께 경쟁하는 관계가 된다. 친구나 연인, 배우자 관계에서도 우리는 경쟁을 멈추지 않는다.

이런 경쟁에서 다른 사람처럼 되기 위해 자기 지각을 희생해버린 예민한 사람들은 불리할 수밖에 없다. 이들은 자신과 자신의 필요를 제대로 지각하지 못하거나, 이미 케이크가 다 나누어진 다음에 뒤늦게 자신의 필요를 지각한다. 스스로 중심을 잡지 못하고, 자신의 색깔을 지니지 못한다. 이런 사람들이 경쟁에서 뒤처지는 건 놀랄 일이 아니다.

경쟁에 뒤처질수록, 자기 색깔을 지니지 못할수록, 그들은 더욱 조화로움을 사랑하게 된다. 더욱더 엄마 배 속에서 경험했던 하나 됨의 상태를 동경하며 관계를 맺고자 한다. 그러나 이런 동경은 애초부터 좌절될 수밖에 없는 것이고, 그들은 계속해서 그런 소망을 채우지 못하는 가운데 깊은 실망감을 맛본다. 그러므로 아무리 친밀하고 사랑으로 가득 찬 관계라 해도, 우리는 그 관계 속에서 자신의 색깔을 견지해야 하고, 자신의 관심사를 챙겨야 함을 잊지 말라. 자신의 생각과 견해를 이야기하고, 자신을 관철시키지 않으면, 우리는 우리의 몫을 잃어버릴 뿐 아니라, 상대방의 존중과 존경심, 호감을 잃어버리게 된다. 그러므로 여기서도 스스로를 의식하는 것이 얼마나 중요한지 드러난다. 스스로 중심을 잘 잡고 있어야 확실히 거절할 수도 있고, 기탄없이 승낙할 수도 있는 법이다.

## 소수의 친구를 깊게 사귀는 유형

예민한 사람들은 대부분 친구가 별로 없다. 하지만 몇몇 친구들과 상당히 두터운 우정을 나눈다. 한두 사람의 친구면 충분한 경우가 많다. 이런 경향은 어린 시절부터 시작된다. 친구가 많지 않아야 그들로부터 받는 자극들을 감당할 수 있고, 이런 만남을 적절히 끌고 갈 수 있기 때문이다.

예민한 사람들은 우정에 많은 비중을 두고, 친구에게 잘 대한다. 그래서 예민한 사람과 우정을 맺으면 아주 믿을 만한 친구를 얻는 셈이 된다. 그들은 상대를 잘 이해해주고, 섬세하게 챙겨주고, 이야기를 잘 들어주고 감정이입에 뛰어난 친

4장 이기주의자와 이타주의자 사이

구다. 그리고 친구의 일을 자신의 일처럼 나서서 도와준다.

그럼에도 예민한 사람들 중에는 소수의 인간관계를 맺고 혼자 지내는 사람들이 많다. 다른 사람들과 함께하면서 경험했던 나쁜 일들을 되풀이하는 것보다 혼자 지내는 것이 더 좋다고 생각하기 때문이다. 하지만 그들은 대부분 자신 때문에 우정에 금이 가게 되었다는 것을 알지 못한다. 친구들이 견디지 못하고 떠나버린 데는 자신의 책임이 크다는 걸 인정하지 않는 것이다. 예민한 사람들은 인간관계에서 극단적인 두 가지 가능성밖에 모르는 경우가 많다. 스스로를 완전히 내어주고 상대와의 경계를 완전히 허물거나 그렇지 않으면 완전히 세상으로부터 숨어버리는 것이다. 적절한 거리를 확보하지 못하고 자신과 상대방과의 관계 자체에 높은 요구를 제기하다 보니 균형 잡힌 관계를 만들기 어려워진다.

친구 관계에 문제가 발생하는 경우가 잦다면, 자신에게 문제가 있는 것은 아닌지 살펴보라. 상대가 당신이 원하는 관계의 깊이와 강도에 부응하기 힘들 수도 있다. 그러다 보면 당신과의 관계에서 자칫 부담을 느낄 수 있고, 구속받는다는 느낌을 받게 된다. 그러면 상대는 이해를 받고 싶거나, 재충전이 필요하거나, 도움이 필요할 때만 당신을 찾게 될 수 있다. 당신에게는 감정이입을 하고 상대방에게 맞춰 반응하면서 스스로를 확인하는 일이 정말 기분 좋은 일일 것이다. 당신은 열심히 그에게 맞춰준다. 당신은 강도 높은 대화를 좋아한다. 하지만 경계를 무너뜨리고 상대방에게 너무 간섭하면서 스스로를 잃어버리고 자신의 필요들을 도외시하게 될 수도 있다.

그러므로 사회적 관계에서 예민한 사람들 앞에 던져진 과제는 늘 자기 자신으로 남고, 거리를 두고 경계를 지켜야 한다는 것이다. 상대방과 상대방의 필요와 문제에 몰두하다가 스스로의 경계를 넘어서는 대신, 편안한 거리를 확보하는 가운데 섬세한 균형을 이루는 데 자신의 민감한 촉을 활용하도록 노력하라. 그렇게 하면 스스로에게 좋을 뿐 아니라 상대방에게도 좋다. 균형이 무너지지 않아야 우정이 안정되게 유지되기 때문이다. 그것이 바로 관계를 가꾸어 가는 비결이다.

———

**나비트(사회학 전공)** "박사 논문을 쓰는 동안 친구는 모든 문제를 저와 상의했어요. 저는 늘 이야기를 들어주고, 더 좋은 해결책을 찾도록 도와주었지요. 친구에게 굉장히 동기 부여를 해주었어요. 저 역시 다른 사람에게서 도움과 힘을 얻을 수 있었던 것처럼요. 논문이 나오자 친구가 논문 한 부를 책상 위에 올려놓고 갔더라고요. 저는 감사의 말을 읽어보았어요. 하지만 실망을 금할 수 없었죠. 감사를 전하는 많은 이름 중에 제 이름이 빠져 있는 거예요. 저는 정말 제 눈을 의심했어요.

저는 몹시 기분이 상했고, 우리의 관계는 소원해졌죠. 저는 섭섭해서 멀리한 거고, 친구는 더 이상 제 도움이 필요하지 않았던 거예요. 친구는 이제 제가 필요 없는 단계에 도달해 있었어요. 시간이 지나 곰곰이 생각해본 뒤 저는 제멋대로 도움을 제공했다는 걸 깨달았어요. 친구는 그런 도움을 원치 않았을지도 모르는데요. 저는 제 자신의 일보다 친구의 일에 더 신경을 썼던 거예요. 그 덕분에 저 자신을 지긋지긋한 사람으로 만들었던 거죠."

—

경계의 균형이 깨짐으로써 친구 관계에 문제가 발생했다고 해도 절대 하면 안 되는 일이 있다. 바로 관계를 끊어버리는 것이다. 사람은 물건처럼 간단히 버릴 수 없다. 오히려 그 반대다. 잊고 싶어 하는 사람, 주소록에서 지워버리고 싶은 사람은 거부하고 저항할수록 더 강한 존재감을 드러낸다. 심지어 몇 년째 연락을 끊고 지냈어도 그 존재는 잊히지 않는다. 그러므로 관계를 완전히 청산하는 대신 경계 설정에 유의해야 한다. 관계를 끊어버리는 것은 모두에게 도움이 되지 않는다. 상대가 잘못을 깨닫고 후회하지도 않을 것이고, 우리 자신에게도 역시 그 상황에서 배울 것이 없다. 문제가 발생한 관계를 견디고 유지할 때 비로소 문제를 해결할 수 있다. 그러면 언젠가 우리의 부족한 점을 깨닫게 해준 상대에게 감사할 수 있을 것이다.

### 균형 잡힌 관계

대인 관계에서 기본 원칙은 균형을 잘 유지하는 것이다. 나에게 필요한 것을 상대방에게서 얻어내기 위해서 유치한 전략을 세우는 순간 균형이 깨지고 만다. 자신이 바라는 것을 얻기 위해 상대에게 더욱더 내주기 때문이다. 이런 식의 관계가 계속되면 관계의 균형이 깨지게 되고, 저울이 휘청거린다.

균형 잡힌 관계를 유지하기 위해 관계의 강도를 설정할 때에는 두 사람 중 상대적으로 더 미지근한 태도를 가진 사람을 기준으로 삼아야 한다. 상대에게 별로 바라는 것이 없는 사람에게 맞추는 것이다. 만약 상대에게 더 많은 것을 요구하게 되면 이는 마치 압력을 행사하는 것과 다름없다. 그러면 상대는 거리를 두는 것으로 반응하거나 완전히 세상으로부터 숨어버릴 수밖에 없다.

---

☐ 관계의 균형이 깨졌을 때 나는 어떤 반응을 하는가?

☐ 나는 상대에게 더 많이 내주고, 더 많이 노력하는가?

4장 이기주의자와 이타주의자 사이

□ 나는 상대보다 더 많은 요구를 하는가?

□ 나는 더 이상 아무것도 내주지 않는가?

□ 나는 완전히 숨어버리거나 관계를 끊어버리는가?

□ 관계에 방해가 되는 과한 부분을 줄이고, 다시금 균형을 회복하
   는가?

---

균형은 두 사람 중 한쪽에서 뭔가를 받아들이기 어려울
때 무너진다. 만약 당신이 선물을 받기만 한다면 상대가 어떻
게 느낄까? 당신이 도움을 받기만 한다면, 아니면 부탁을 들
어주기만 한다면 어떨까? 물론 부모와 자녀의 관계에서는 저
울처럼 주고받기의 균형이 이루어질 수 없다. 하지만 여기서
도 부모는 과하게 주거나, 과하게 요구함으로써 관계를 힘들
게 만들 수 있다. 자녀를 키울 때에도 이렇게 물어라. 나는 무
엇을 지향할 것인가? 지금까지 늘 억눌러왔던 나의 필요들과
삶의 이상들을 지향할 것인가, 아니면 아이의 필요와 안전을
지향할 것인가. 이 둘 사이에 균형이 필요하다.

상대방이 자신에게 무엇을 주고 있는지, 즉 상대방에게서
무엇을 받고 있는지를 깨닫지 못할 때도 균형이 깨진다. 그
결과는 심각할 수 있다. 각자 자신이 주기만 하고, 받지는 못
한다고 생각하게 되면 서로 은밀하게 상대에게 내미는 열린

계산서는 점점 더 길어지며, 그로써 우리가 받은 것도 모르는 선물이 우리 앞에 점점 쌓이게 된다.

상대에게 무엇을 줄 때, 그것은 내가 자발적으로 내주는 것이다. 엄밀히 말하면 나를 위해서 주는 것이다. 나 스스로 그런 상황이 전개되기를 원하기 때문이다. 상대를 위한 모든 행동이 사실 나를 위한 것이다. 내가 그런 사람이기를 원하는 것이다. 나는 나 자신의 정체성과 세계관을 유지하고 싶어 한다. 예를 들어 자신이 사랑 많고 관대한 사람임을 확인함으로써 내 자신의 가치관과 삶이 조화를 이룰 수 있기 때문이다. 이런 확인은 나를 기분 좋게 하고 에너지를 준다. 그러므로 내가 상대방에게 주는 것은 내 자신에게 주는 것이나 마찬가지다. 상대에게 추가적으로 계산서를 보내는 것은 무의미한 일임을 명심하라.

# 예민한 사람들만의 팀

|

사람은 자신에게 부족한 부분을 채울 수 있는 것을 가진 사람에게 끌린다. 예민한 사람들도 자신보다 예민하지 않은 파트너를 만나는 경우가 많다. 서로가 서로를 채워주는 안정된 파트너 관계를 형성하는 것이다. 물론 파트너 관계에 있는 사람들이 서로 다름을 존중하고 관용하는 건설적인 행동을 전제로 해야 한다. 그래야만 두 사람 모두 상대의 재능과 능력과 시각으로부터 유익을 얻는다.

물론 자신과 비슷한 파트너와의 만남을 동경하고 실제로 예민한 사람끼리 만나기도 한다. 이런 관계는 자칫 위험할 수 있다. 서로가 너무 비슷하면 내적 성장의 동력이 부족해진다. 또 서로 화목하게 지내기 위해 의견 일치를 추구하다 보면 오히려 관계에 금이 가고 예기치 않은 갈등이 뒤늦게 불거질 수 있다. 그래서 두 사람 모두 예민한 경우가 한 사람은 예민하고 다른 사람은 예민하지 않은 경우보다 파트너 관계를 유지하지 못할 확률이 높다. 우정도 마찬가지고, 다른 모든 관계도 마찬가지다. 사람은 자신과 다른 시각, 성격, 생활방식과 만날 때, 낯선 경험들과 만날 때, 더 폭넓은 시각을 갖게 되고 바람직하게 성장할 수 있다.

## 파트너라는 거울

예민한 사람들은 파트너에게 감정이입을 하여, 자기 자신은 깡그리 잊어버리고 파트너의 거울로서 살아가곤 한다. 파트너의 입장에서는 전적으로 상대가 자신을 챙겨주고 보살펴주고 에너지를 아끼게 해주면 아주 편하게 다가온다. 그리고 파트너는 대화 중에 오로지 자신의 메아리만을 듣고 자신의 감정만을 만나며, 다른 의견이나 감정을 만날 수 없게 된다. 장기적으로 볼 때 이러한 관계는 파트너에게도 손실이 된다. 파트너 관계는 서로 독립적인 인격체로 마주하는 짝이 되어야 하기 때문이다. 인간이 아무리 자기중심적이더라도 자기 거울로만 만족할 정도로 자아에 심하게 사로잡혀 있지는 않다.

이러한 관계는 자연스럽게 파트너십에서 활력소가 사라진다. 성적 긴장감도 사라진다. 늘 고분고분하게 맞춰주고 순종하는 여성이나 늘 맞춰주는 남성에게서는 더 이상 신선함을 느낄 수 없다.

　파트너 관계는 공통점을 기본으로 하고, 차이점을 활력소로 삼아 유지하게 된다. 그래야 에너지가 흐를 수 있고 성장할 수 있다. 다른 사람을 위해 자신을 포기하다시피 하는 것은 바람직하지 않다. 자신의 색깔을 잃어버리는 사람은 결국 파트너를 상실하게 된다. 파트너는 긴장감과 생동감을 느낄수 있는 도전적인 상대에게 끌린다. 자신을 포기하다시피 하는 사람도 파트너 관계에서 쓸모 있는 사람, 유용한 사람이될 수 있는 경우가 있다. 집안일을 하고 아이들을 보살피는 아내, 가족을 부양하고 집과 정원을 가꾸고 유지하는 남편들은 물론 없어서는 안 될 존재다. 하지만 예민한 사람이 자신의 색을 드러내지 못하는 조연의 삶을 살지 않으려면 자신을 챙기고 보살피고 자신의 재능을 발휘해야 한다.

**위험한 소망**
파트너의 거울로서 존재하는 관계를 유지하다 실패를 경험한 예민한 사람들은 새로운 관계를 맺을 때 자신처럼 상대를 잘 챙겨주는 예민한 파트너를 꿈꾼다. 하지만 이전의 관계에서 자신의 태도 문제를 깨닫지 못한다면 어떻게 될까? 분명히 자신과 마찬가지로 상대에게 녹아들어가 자신을 잃어버리는 파트너를 만날지도 모른다. 그러면 이제 두 거울이 서로를 비추고 무조건 서로에게 맞춰주려고 하다가 아무것도 하지 못하게 된다. 게다가 예민한 두 사람이 만나면 서로의 민감성을 더 부추길 수도 있다. 예민한 사람들은 일반 사람들보다 서로를 조종하고 상처주는 데 더 능하다. 나아가 상대방에게서 자신이 가진 싫은 면을 느끼고 싸울 수도 있다.

예민한 사람들끼리 파트너가 되면 서로 의식적으로 대해야 한다. 건설적인 파트너 관계를 만나는 경우는 드물지만, 이런 관계에서는 각자가 자신의 색깔을 내고, 자신의 입장을 대변한다. 사랑하는 마음과 공통점을 토대로 하되 자신만의 여지와 공간을 취하고, 서로에 대해 경계를 설정하며 파트너에게도 자유의 여지를 허락한다. 그래서 파트너 관계에서 자신을 잃어버리거나 파트너를 독점하는 일이 없다. 서로 완전히 녹아들어 하나가 되는 관계의 환상을 깨닫고 기꺼이 포기할 줄 안다. 오히려 그런 관계를 유지할 때 서로가 하나가 되는 선물을 경험하게 된다.

각 파트너가 성장하기 위해서는 상대방을 영혼의 파트너로 생각하지 않고, 인생의 동반자 관계로 발전시키며, 공통점의 기초 위에서 차이점을 받아들여 편협함을 극복해 더 넓은 시각을 가져야 한다. 이때 비로소 파트너 관계에서 자신을 발견할 수 있고, 자신에게 이르는 길로 접어들 수 있다.

—

**베아**(치과 조무사, 48세) "처음에 저는 남편을 바꿔보려고 했어요. 그도 저처럼 예민하게 상대에게 맞춰주길 원했죠. 하지만 이제 저는 남편을 보면서 감탄하고 있어요. 그동안 참 잘 견뎌줬다고 생각해요. 그동안 저는 저의 민감성에 더 의식적으로 대처하게 되었어요. 예전에 저는 남편에게 무조건 맞춰주다가 인내심의 한계를 넘으면 스트레스가 극에 달해서 마구 신경질을 부리곤 했어요. 결국 남편의 기분을 망쳐놓곤 했지요. 하지만 이젠 남편에게 무조건 맞춰주려고 하지 않아요. 그러자 신기하게도 제가 그냥 제 자신으로 살게 되면서 남편과 외출하는 일이 힘들지 않았어요. 예전보다 더 자주 남편과 외출을 하게 됐어요. 저 자신을 챙기고, 남편도 제 색깔을 존중하게 된 후부터 그랬어요. 어쩌면 남편이 없는 저의 세계는 아주 편협해졌을 거예요. 남편이 저와 다르다는 건 정말 좋은 일이에요. 남편이 저의 편협한 시각을 보완해주니까요. 이제 저는 그것을 소중히 여기게 되었답니다."

—

## 적절한 정도의 친밀성

삶의 중심에 자신을 놓을 수 있다면, 파트너와의 관계는 더욱 안정적일 수 있다. 그런 관계에서 예민한 사람들은 자신의 필요를 의식할 수 있다. 잠시 멈추고 혼자 있어야 한다는 것을, 또는 자신이 거의 한계에 이르고 있다는 걸 미리 지각할 수 있는 것이다. 예민한 사람들은 일상 속에서 자신만의 공간을 확보하는 것이 중요함을 명심하라. 홀로 있을 수 있는 곳을 찾아가거나, 작게나마 자신만의 방을 갖는 것은 자신에게 좋은 환경을 마련해주는 것이다.

---

☐ 어느 정도의 친밀함이 나의 기분을 좋게 하는가? 어느 정도의 거리를 필요로 하는가? 어느 정도의 공간이 필요한가?

☐ 상대방은 어느 정도의 친밀함과 거리와 공간이 있어야 잘 지낼 수 있는가?

☐ 우리 두 사람은 각자 얼마나 함께 있고 싶어 하는가? 서로 어느 정도 거리를 두는 것이 가장 적당한가?

☐ 서로 붙어 있으면 서로 부딪히게 되는 시간적 한계는 어느 정도 인가?

---

4장 이기주의자와 이타주의자 사이

파트너가 누구인지를 떠나서 파트너 관계는 예민한 사람에게 굉장한 도전 과제가 된다. 자신을 잃지 않으면서도 상대방과 관계를 유지해야 한다는 점에서 그렇다. 중요한 것은 자신의 필요를 제때에 지각하고 그 필요에 부응하는 것이다. 물론 그렇다고 완전히 자기중심적인 사람이 되라는 말은 아니다. 옹졸하게 행동하거나 파트너를 독점하려 하거나 파트너를 자기 자신처럼 여기고 너무 옭아매려 하지 않는 가운데 파트너와의 관계에서 건강한 균형을 유지하는 것을 배워야 한다.

—

**아니타**(민간요법 치료사, 52세) "저는 평소 남편의 상태, 남편의 필요를 정확히 감지하는 편이었어요. 하지만 제가 원하는 것이나 생각하는 것을 남편이 물으면 한동안 곰곰이 생각을 해야 했지요. 때로는 상당한 시간이 걸리기도 했어요. 내겐 정말 쉬운 일이 아니었어요. 훈련이 필요했죠. 예전처럼 그냥 남편에게 무조건 맞춰주는 것이 더 편하게 느껴졌어요. 그런 경우에는 제가 저의 필요를 채우지 못하면 남편에게 책임을 전가할 수 있었거든요. 저의 필요는 꼭 뒤늦게 치고 올라왔어요. 그러면 저는 남편을 비난했지요. 남편은 저처럼 예민하지 않고, 늘 자신에게 무엇이 더 좋은지, 무엇을 하고 싶은지를 알아요. 언제나 자신에게 충실하죠. 저는 이제 남편을 본받으려고 해요. 전에는 남편 때문에 짜증을 내거나 부러워하기만 했었죠."

—

## '영혼의 파트너'에 대한 동경

파트너에 대한 높은 기대보다 더 위험한 것은 완전히 하나 되는 파트너라는 '소울메이트'에 대한 환상이다. 이러한 환상은 살과 피로 이루어진 현실적인 만남을 방해한다. 파트너 관계가 빠른 시기에 좌절을 겪게 되는 것도 대부분 이런 환상 때문이다.

예민한 사람들은 파트너 관계와 친구 관계에 대한 기대가 보통 사람들보다 높다. 친구 혹은 파트너와 깊은 대화를 나누고 싶어 하기도 한다. 그러다 보니 보통의 사람들은 종종 예민한 사람들과 나누게 되는 대화에서 그 강도를 견디지 못하며, 예민한 사람들이 어떤 주제에 대해 깊은 대화에 들어가려고 하면 도망가고 싶어 하는 경우가 발생한다. 그냥 그렇게 사는 거라 생각하며 의심하고 캐묻고 파고 들어가는 것이 무슨 의미가 있는지 이해하지 못하는 것이다. 이렇듯 예민한 사람들이 바라는 깊은 대화에 대한 소망은 다른 사람들을 힘들게 하고 종종 예민한 사람들을 실망시키는 것으로 마무리된다.

이렇게 대화가 의미 없이 끝나버리고 나면 예민한 사람은 기대를 접게 된다. 게다가 예민한 사람은 경계를 명확하게 설정하지 않은 태도로 인해 상대와 거리를 너무 많이 두게 되어 진정한 만남을 이어가지 못하거나 상대와의 거리를 너무 좁게 두어 상대를 부담스럽게 만들기도 한다. 이러한 두 가지 태도를 동시에 취할 경우에 상황은 더 복잡해진다. 즉, 친밀함을 동경하는 동시에 자신을 잃게 되어 또다시 손해 보는 것이 두려워 브레이크를 거는 상황에 처한다. 거듭 말하지만, 스스로 중심을 잡고 관계에서의 자신의 입장을 분명히 하고 자신에게 충실할 때 이러한 갈등을 해결할 수 있다.

—

**아프라** "제 안에 늘 강렬한 동경이 있었어요. 향수병 같기도 하고, 모든 것과 연결되어 있는 듯한 느낌이랄까요. 전 항상 그런 동경을 추구했고, 가끔 이런 감정을 통해 스스로 낯설어지기도 했어요. 저는 파트너를 통해 저의 동경을 채우고자 했지요. 하지만 마지막엔 늘 파트너 관계가 좌절되어버렸어요. 늘 무언가 잘못되었다는 생각이 들었어요. 늘 지금과는 다른 것을 원했죠. 저는 점점 고독해졌고 현실에 불만족했죠. 상당히 견디기 힘들었어요. 하지만 이제 저는 현실에 뿌리를 박고, 구체적인 삶과 구체적인 사람을 중요시하면서 그들과의 유대를 잃어버리지 않는 법을 배우고 있어요. 삶은 전에 꿈꾸었던 것과는 반대로, 뿌리를 굳게 내린 나무처럼 현실에 뿌리박은 가운데 자라가야 한다는 걸 알았어요."

—

### 영성을 추구하기

예민한 사람 중에는 신에 대한 동경을 가지고 있는 사람이 많다. 이런 동경은 영성이 꽃필 수 있는 옥토며, 이런 동경을 대인 관계로 채우려 하면 채워지지 못하거나 저항에 부딪힌다. 예민한 사람들은 영성이 뛰어난 경우가 많다. 완전함과 조화를 동경하는 예민한 사람의 특성을 살려 초월적인 영역으로 향하게 하는 가운데, 영성을 적절히 계발해주면 다른 사람과의 현실적인 관계도 더 편안해지고, 진정한 만남이 가능해진다.

하지만 영성과 종교성을 추구하려 할 때 위험에 빠지지 않도록 조심해야 한다. 영성은 총체적인 것에 서로 연결되어 살고자 하는 것이며, 종교는 이런 영성에 구체적이고 사회적인 형식을 부여하는 것이다. 순수함과 완전함에 대한 동경이 자칫 삶에서 유리된 종교 형태나 사이비 종교, 혹은 개인 종교로 이어지지 않도록 조심해야 한다. 지나치고 왜곡된 형식으로 비약하지 않도록 의식적이고 상식적인 영성 추구가 필요하다.

□ 나의 영성 추구가 나의 시야를 더 넓혀 총체적인 것으로 나아가게 하는가? 아니면 나를 주변 사람들과 전체로부터 유리시키는가?

□ 나의 영성이 상당히 추상적이고 모호하지는 않은가?

□ 내가 은밀한 나의 방, 내 작은 거룩한 세계 안에서만 영성을 추구한다면, 그것이 다른 사람들에게 영향을 미칠 수 있을까?

□ 다른 사람보다 더 나은 사람으로, 더 순전하고 우월한 사람으로 느낌으로써 전체로부터 스스로를 유리시키기 위해 영성을 오용하지는 않는가?

5장

예민한 사람으로
살아가는 법

심리학이 예민한 사람들의 존재를 오랫동안 간과했고 지금도 여전히 무시하고 있다 보니 수많은 예민한 사람들이 아직도 스스로의 본질이나 재능을 잘 파악하지 못하고 있으며, 이렇듯 정체성을 확립하지 못한 상태에서 삶의 갈등을 겪다가 심리 치료의 도움을 구하게 되는 경우가 종종 있다.

하지만 자신들에게 알맞은 치료를 찾지 못하고, 자극 지각 및 처리가 보통 사람들과 다름으로 인해 초래되는 결과에만 치중한 치료가 이루어지기 쉽다. 구체적인 인간을 고려하기보다 다분히 경직된 유형별 표준 '진단'에 의거하는 시스템 가운데 잘못된 진단이 이루어지는 경우가 많기 때문이다.

# 고도 민감성에 대한
오해

|

'고도 민감성'이라는 진단은 일반적인 진단 매뉴얼에는 존재하지 않는다. 당사자들은 아마 다행이라고 생각할지 모른다. 하지만 그런 탓에 높은 민감성으로 인해 빚어지는 결과들이 공식적인 심리 치료 시스템 안에서 다루어지지 않는다. 또 예민한 사람들이 어려움을 호소하면 겉으로 보기에 비슷한 카테고리로 분류되곤 한다. 그렇게 진단의 도식 속으로 집어넣고는 도식에 맞지 않는 것들은 그냥 무시하거나 잘라버린다.

예민한 성향을 건설적으로 살리지 못해서 심리 치료의 도움을 요청하는 예민한 사람들은 곧잘 다음과 같은 진단으로 분류될 때가 많다. 예민한 사람들의 증상이 이런 질환의 증상과 닮아 있기 때문이다. 그러나 사실 증상이 어느 정도 닮아 있을 뿐 원인은 아주 다르기에, 치료적 접근도 전혀 다른 형태로 이루어져야 한다. 그러므로 다음과 같은 진단이 내려지는 경우는 조심하라.

### 노이로제, 우울증, 불안 장애

예민한 사람들에게 가장 많이 내려졌던 진단이 바로 노이로제, 우울증, 불안 장애 등이다. 최악의 진단은 아니다. 자극 지각과 처리를 배우는 나의 세미나에 참가했던 사람들 중에는 아래의 진단을 받았던 사람들도 있었다.

### 정서 불안

종종 정서 불안을 겪는 사람들 중에 예민한 사람들이 있는 것은 사실이다. 모든 자극과 모든 괴로움을 거르지 않고 받아들이다 보면 자신이 지각한 것과 거리를 취하기가 쉽지 않기 때문이다. 그들은 중심을 잡고 스스로 선을 긋고 경계 설정을 하는 법을 알지 못하기 때문에 빠르게 다른 사람들의 불안과 기분에 전염되고 정서가 불안정해진다.

### 의존성 인격 장애

다른 사람들을 위해 도와주고, 감정이입을 하고, 맞춰주려고 노력하다 자기 자신을 잃어버리기도 하는 예민한 사람들은 의존성 인격 장애처럼 보이기도 한다. 가령 파트너에게 약물이나 알코올, 마약 문제가 있는 경우 예민한 사람들은 자신도 약물, 알코올에 손을 대는 경우가 많다. 이런 경우 예민한 사람들은 자신도 모르게 상대의 중독을 유지시키는 역할을 한다.

### 중독

자신의 예민함을 완화시키려 하고, 현실과 소망 사이의 간극을 줄이려고 노력하는 것이 중독처럼 비춰질 수도 있다. 그러나 중독처럼 보이는 태도와 함께 예민함도 더욱 심해지는 경우가 있다. 때로는 모든 것에 아주 못마땅해하는 태도를 보인다. 예민함으로 인해 신체가 늘 만성적으로 불편할 수 있고 진통제에 의존해 살아가는 경우도 있다.

### 자폐

통용되는 표준에 부합하는 행동을 하지 않는 아이는 자폐로 오인될 수도 있다. 어느 예민한 엄마는 자신과 마찬가지로 예민한 아들이 자폐로 오인될 뻔했다고 전해주었다. 아들의 담임 교사가 아들이 늘 친구 한 명하고만 친하게 지내고 다른 아이들과는 멀찌감치 거리를 두는 것을 보고 자폐가 아닌지 의심했다는 것이다. 하지만 자폐 진단 같은 것은 할 필요가 없었다. 만약 자폐아라면 친구나 가족과 그렇게 강한 유대관계를 맺고 살아갈 수 없을 것이기 때문이다. 이 아이에게 약점처럼 보이는 것은 사실은 그의 강점이었다. 가족 외에 친한 사람을 한 사람으로 제한함으로써 자극 수용을 조절하고 스스로 감당할 수 있는 만큼으로 제한했던 것이다.

### 경계성 인격 장애

예민한 사람들은 경계성 인격 장애라는 판정을 받기도 한다. 경계성이라는 말은 아주 다양한 개념을 포괄하며, 어떻게든 병명을 만들어내어 진단을 내리려는 심리 치료와 신경 정신 의학의 딜레마를 보여준다. 정신 분열증은 아니지만 정신적으로 건강하다고 볼 수는 없고, 인격 장애나 신경증으로 분류할 수도 없을 때 경계성 인격 장애라는 범주로 확장시켜 분류한다. 예민한 사람들 중 센세이션을 추구하는 경향이 있는 사람들과 그 밖에 중심을 잘 잡지 못하고 자신의 경계를 명확히 하지 못해서 내적으로나 외적으로 갈등에 휘말리기 쉬운 사람들이 이런 진단을 받기 쉽다. 자존감이 오르락내리락하는 것은 물론, 이런 특성 때문에 불안하고, 자제력을 잃고, 충동적으로 반응하고, 심하면 자해까지 할 수 있기 때문이다.

## 주의력 결핍 장애, 주의력 결핍 과잉 행동 장애

요즘 가장 널리 알려져 있고, 어쩌면 가장 위험한 진단이 주의력 결핍 장애ADD, 또는 주의력 결핍 과잉 행동 장애ADHD다. 이런 진단을 받으면 수년간 향정신성 의약품을 복용해야 한다. 주의력 결핍 장애를 유발하는 원인은 아주 다양하다. 식품첨가물이나 당 섭취의 부작용이 운동 부족과 맞물리거나 과도하게 미디어를 소비해서 왜곡된 지각을 초래하기도 한다. 혹은 가족력이나 뇌 기질적 원인과 맞물려 주의력 결핍 장애로 나타나기도 한다.

간혹 부모의 과도한 독점욕에서 벗어나려는 아이의 절망적인 노력의 결과가 주의력 장애로 나타나기도 한다. 또한 성과와 업적 중심의 사회 분위기로 인해 유년 시절을 아이답게 보낼 수 없는 상황에 대한 일종의 반항의 행동으로 나타날 수도 있다. 하지만 인과성을 중시하는 주의력 결핍 과잉 행동 장애 전문가들도 점점 널리 확산되고 있는 문화적 원인에 대해서는 좀처럼 관심을 갖지 않는 것 같다.

성인들도 주의력 결핍 장애라는 진단에서 자유롭지 못하다. 이와 관련한 증상 목록은 자신의 재능에 적절히 대처하는 법을 배우지 못한 예민한 사람들의 성격 묘사를 방불케 한다.

# 세상과의 연결 고리를
# 이해하기

|

예민함은 재능이지 정신 장애가 아니다. 예민한 기질 때문에 삶이 꼭 괴로운 것도 아니다. 오히려 그 반대다. 의식적으로 지각을 받아들이고 다루는 사람들은 더 충만한 행복을 누릴 준비가 되어 있으며, 다른 사람보다 행복감을 더욱 진하게 느낄 수 있다.

원칙적으로 예민한 사람들은 일반 사람들과 동일하게 여러 정신적 문제를 겪을 수 있지만, 좀 더 취약한 부분들을 가지고 있을 뿐이다. 그러한 취약성은 지각을 취급하는 특별한 방식 때문에 빚어진다. 예민한 사람들이 자신의 성향을 받아들이지 못하고, 주변에 적응하고 맞춰주려고만 하면 성장과 행복으로부터 점점 멀어진다. 가정 폭력, 정신적 학대, 독점, 불확실한 규칙과 경계 등 아이의 주의력을 밖으로 향하도록 강요하는 사회 분위기 역시 성장과 발전을 힘들게 만든다.

사회에 적응하기 위해 신체의 지각을 무시하는 사람은 자신의 신체에 대한 접촉을 소홀히 함으로써 중심을 잃게 된다. 자신의 힘과 한계에 대한 감을 잃어버리게 되고, 스스로를 과대평가하거나 과소평가하게 된다. 자신을 혹사시키거나, 자신의 능력을 발휘할 기회를 잡지 않고, 아무것도 하지 않은 채 점점 뒤처지기도 한다. 자존감도 오르락내리락하며 요동을 친다. 신체와의 접촉을 등한시한 탓에 자신의 생각이 맞는지 점검하고 명확한 결론에 이르는 능력과 자신의 생각을 제한하는 능력도 상실한다. 머릿속 생각은 제 맘대로 굴러가고, 없는 문제까지 만들어내는 일까지 빚어진다.

### 주의력 결핍 장애인가, 예민한 성향인가?

주의력 결핍 장애와 예민한 기질을 어떻게 구분할 수 있을까? 그 경계는 어디에 있을까? 그 차이를 알기 위해선 두 개념이 완전히 서로 다른 범주임을 명심하라. 예민한 것은 장애가 아니라 기질이자 재능이자 성격이다. 예민한 것은 성격적 특성이고, 주의력 결핍 장애는 질병이다.

이론적으로는 예민한 동시에 주의력 결핍에 걸릴 수도 있다. 주의력 결핍 장애라는 질환이 정말로 존재한다는 걸 전제로 한다면 말이다. 그러나 이 경우에도 지각 조절의 실패로 말미암은 주의력 결핍 장애와 잘못된 영양과 운동 부족으로 말미암은 주의력 결핍 장애를 뚜렷이 구분해야 할 것이다.

주의력 결핍 장애라는 것은 표준적인 인간상을 전제로 성립되는 개념이다. 겉으로는 비슷하게 보이지만, 자세히 들여다보면 여러 요인을 통해 유발되는 장애를 합쳐놓은 셈이다. 인간이란 무릇 어떠해야 하는지, 그의 행동이 효용성과 규범에 맞는지를 판단하고 기준에서 벗어나는 사람은 약물을 써서라도 기준에 부합하도록 만들어야 한다는 생각에서 비롯한다.

하지만 예민한 성향은 다르다. 그것은 지각에서 비롯되는 것이며, 존중되어야 하는 성향이다. 또 예민함은 유전된다. 처음부터 그런 재능이나 성향을 지니고 세상에 태어난 것이다. 이 경우 중요한 것은 규범에 복종하는 것이 아니라, 자신의 본질에 맞게 사는 것이고, 가능하면 모두의 행복을 위해 자신과 자신의 재능을 펼치는 것이다. 동시에 이 길은 의식적인 성장의 과정이다.

## 나는 약하고 세상은 위험하다는 오해

어린 시절에 바깥으로부터 들어오는 많은 자극에 압도당한 적이 있는 예민한 사람은 자신의 경험에 기초한 고정관념을 만들어낸다. 자신은 약하고, 세상은 위험하다는 관념이다. 이런 내적 이미지는 마음속 깊이 새겨진 프로그램처럼 자신을 확증하도록 조종한다. 마치 지각 필터처럼 작용해서 자신과 세계와 관련하여 내적 이미지를 확인시키는 자극들만을 선별해서 강도 높게 취하게 만든다. 어린 시절의 두려움에서 비롯된 이미지는 점점 더 제멋대로 확장되어 삶을 더욱더 제한하며, 긴장과 방어와 퇴각을 야기한다. 그러면 점점 더 세상은 위험한 것이라는 삶의 태도를 갖게 되고 두려움은 점점 더 커진다. 결국 예민한 사람들은 비현실적인 두려움마저 호소하게 된다. 자신은 약하고 세상은 위험하다는 이미지는 스스로를 펼치고 실현하는 것을 방해하며, 이런 가운데 예민한 사람들은 자신의 에너지를 흘려보내지 못하고, 결과적으로 우울증에 걸리기도 한다.

## 어린 시절에 생겨난 방어 메커니즘

자신은 약하고 세상은 위험하다는 관념을 가지게 된 아이는 자신의 방어 전략을 수립한다. "나는 작고 약하고, 바깥 세계는 위험해. 어떻게 하면 내가 무사할 수 있을까? 어떻게 하면 나를 보호할 수 있을까?" 자칫 자신을 더욱 보잘것없는 사람으로 만들기도 한다. 그러면 적어도 공격을 받지 않을 거라고 생각하기 때문이다. 또는 가장 강한 사람을 추종하면서 그에게 일찌감치 복종하기도 한다. 까다로운 부모나 어른들과 문제없이 지낼 수 있도록 그들에게 무조건 순종하고 맞춰주는 것이다.

어린 시절에는 이런 전략들이 꽤 긍정적으로 작용했을 것이다. 적어도 얼마간 수월하게 일상을 견딜 수 있었기 때문이다. 하지만 성인이 되면서부터 그런 전략들이 부정적인 결과를 자아내기 시작하면 오히려 부정적인 결과로 이어진다. 하지만 뿌리 깊게 자리 잡은 전략으로 인해 메커니즘이 저절로 진행되고, 자신을 더 작게 만들어 오히려 많은 공격을 이끌어낸다. 쉽게 말해 복종하지만, 평화는 찾아오지 않는다. 자기 색깔을 보이지 않고 묻어가고자 하지만, 이런 메커니즘이 오히려 부작용을 불러일으킨다.

## 과잉 부담과 과소 부담에 따르는 갈등

예민한 사람들이 스스로 방해 요인을 제거하기 위해 자신의 지각을 무시하고 주변에 맞추다 보면, 그들은 자신이 얼마나 강하고 약한지, 자신의 경계가 어디쯤인지 깨달을 수 없다. 게다가 예민한 사람은 완벽함을 동경한다. 자신의 경계를 파악하지 못하는 것과 완벽에 대한 동경이 만나면 자신을 혹사시키고 힘들게 만드는 '과잉 부담' 상태와 아무것도 하지 않고 자신에게 전혀 부담을 주지 않으려는 '과소 부담'의 상태를 오가는 악순환이 빚어진다. 두 측면은 서로를 부추기고, 에너지를 잡아먹으며, '적정 부담'을 통해 긍정적인 성과를 냄으로써 에너지를 되찾는 일이 불가능해진다. 이러한 메커니즘이 장기적으로 이어지면 에너지가 떨어지고 우울이 찾아오며, 심한 경우 번아웃에 이르게 된다.

### 사회적 두려움: 왕따의 후유증

다른 사람에게 맞추려는 노력에도 불구하고, 아니 바로 그런 노력 때문에 예민한 사람들은 어린 시절에 따돌림을 당하는 일이 많다. 따돌림은 거의 생명의 위협으로 경험되기 때문에 깊이 각인되고, 심한 경우에는 트라우마가 생기기도 한다. 인간이 집단을 이루기 시작한 이래 집단에서 배척을 당하는 것은 거의 사형선고나 다름없었다. 그래서 우리의 몸과 신체에는 따돌림에 대한 두려움과 함께 무조건 맞춰주려는 경향이 깊숙이 자리 잡고 있다. 한 번 따돌림을 경험한 사람은 이전과 같은 사람이 될 수 없다. 그리고 사람들과의 만남에서 두려움과 긴장을 느끼다 보면 또다시 비하와 따돌림을 당하는 일이 되풀이되곤 한다. 그러면 더욱더 사회적 두려움

과 수줍음이 심해지고, 심한 경우에는 사회 공포증이 생기기
도 한다.

### 타고난 희생자의 역할
예민한 사람들은 어린 시절부터 주변 상황에 얽혀 들어가기
쉽다. 다른 사람들보다 더 많이 지각하고, 하지 않은 말도 감
지하고, 좋지 않은 분위기도 일찌감치 느끼기 때문이다. 희생
자 역할을 떠맡는 경우가 많고 스스로 뒷전에 서서 불평등을
무마한다. 불이익을 당하는 사람들과 함께 고통받는 경우도
많다. 이런 희생이 아무에게도 도움이 되지 않을지라도, 종종
그런 행동을 통해 스스로를 괴롭힌다.

이 책의 마지막 부분에 소개된 이런 면들이 자신에게 해
당된다면 적극적으로 전문가의 도움을 받는 것이 좋다. 예민
한 사람에게 전혀 맞지 않거나 제한적으로만 효과를 발휘하
는 치료가 있음을 주의하면서 자기 비하, 우울, 공포로 인한
내적 감옥으로부터 벗어날 수 있는 적극적인 조치를 취해야
한다. 당신은 행복하게 살 가치가 있는 사람이다. 스스로를
도우라!

잘못된
연결 고리 풀기

|

예민한 사람들에게 심리 치료나 상담이 무조건
도움이 되는 것은 아니다. 더 많은 고민을 만들
고, 분석하고, 해석하면서 예민한 사람들 스스로
자신을 잃게 만드는 상담이라면, 그것은 평소 일
상에서 충분히 거듭하고 있던 과정을 되풀이하
는 것이나 다름없다. 자신을 찾아간답시고 더욱
생각에 생각을 거듭하고, 그 과정에서 스스로를
잃을 따름이다.

또한 행동 치료도 조심해서 선택해야 한다.
나의 내담자 중 대다수의 사람들은 행동 치료를
받은 경험이 있다. 그들은 그 과정에서 처음에는
스스로 적극적으로 행동하면서 사회 공포증을

극복할 수 있었다. 하지만 시간이 지나면서 오히려 스스로의 지각을 무시하고 적응하려 하고, 스스로에게 부담을 주는 방식이 강화되면 장기적으로는 내적 갈등이 더 심해질 수 있다.

그러므로 행동 치료를 받을 때는 스스로의 예민함과 (이 책에서 다룬) 예민함으로 인한 문제적 방식을 늘 이야기하도록 해야 한다. 이런 방식을 해결하는 방향으로 나아가야만 기존의 부정적인 방식을 강화하지 않는 치료가 이루어질 수 있다.

예민한 사람들은 대화 치료를 받는 경우에 너무 쉽게 상대의 생각에 맞추려는 경향이 있다. 심리 치료사의 사고방식을 따르고 좇으려고 하지만, 그럴수록 자신의 신체의 지각을 무시하는 것으로 나아갈 수 있고, 오히려 딜레마가 강화될 수 있음을 잊지 말라.

## 외적·내적 시스템

예민한 사람들에게는 그들이 겪는 내적 갈등과 복잡한 메커니즘을 규명하고 그것의 확대를 막는 치료가 도움이 된다. 그로써 내적 긴장이 줄어들고, 주변의 상황에 얽혀 들어가는 일이 적어지며, 스트레스, 두려움, 에너지 부족, 우울증에 시달리는 일도 줄어든다.

예민한 사람들은 외적 시스템을 규명하는 것보다 내적 시스템을 정돈하는 것이 중요하다. 각각의 면들이 합쳐져서 어떤 작용을 하는가? 어떤 역동성이 작용하여 문제를 발생시키고, 유지시키고, 더 심해지게 만드는가? 바람직한 결과를 얻기 위해 무엇을 변화시켜야 하는가? 가령 과잉 부담과 과소 부담(너무 무리를 하고 스스로를 혹사시켰다가 다시금 거의 무기력할 정도로 아무것도 하지 않는 것)이 어떻게 교대되어 예민한 사람으로 하여금 주말마다 앓거나 아니면 몸을 사리게 만드는가? 어떻게 하면 이런 악순환의 고리를 끊을 수 있을까?

### 내면의 다양한 부분들을 활용하기

모든 사람 안에는 서로 다른 인격이 공존한다. 한 사람에게 다양한 면이 있는 것이다. 다중인격 장애와는 달리 정상적인 인격적 특징이다. 이 책을 읽고 있는 모든 사람이 자신의 그런 면을 알고 있을 것이다. 우리는 어떤 상황에서 평소와 다르게 행동하고 평소 주변 사람들이 몰랐던 면모를 보이기도 한다. 가령 아이들을 대할 때 평소 잊고 지냈던 면모를 발견하는 사람들도 있다. 평소에는 자기주장이 강한 남성이 여성에게 말을 걸려고 하기만 해도 어린 소년처럼 말을 더듬기도 한다. 평소에는 계속 잔소리를 해대는 시어머니 앞에서 침착했던 며느리가 갑자기 히스테리를 부릴 수도 있다.

괴테는 "우리의 가슴에는 두 개의 영혼이 있다."고 말했다. 그리고 우리는 이렇게 말하곤 한다. "원래 나는 이러저러하게 하고 싶어. 하지만 내 안의 다른 부분이 자꾸 다른 방향으로 가는 걸…."

사실 우리 안에 여러 개의 인격이 존재하는 것은 아니다. 우리의 두뇌 속에 여러 가지 처리 방식, 서로 다른 시냅스, 시냅스들 간의 다양한 결합이 존재할 뿐이다. 대상에 따라 각각에 해당하는 시냅스 연결이 저절로 작동하고, 닦여진 습관에 따라 일을 한다. 그래서 이전과 같은 상황에서는 같은 생각, 같은 느낌을 갖게 되고 같은 행동을 하게 된다. 어떤 '노선'에 들어가는지에 따라 다른 사람처럼 행동하게 되는 것이다. 우리에게 다양한 부분 인격이 있다고 상상하면 이런 메커니즘이 훨씬 더 실감나게 느껴질 것이다.

우리 속의 어떤 '부분들'은 생활에 상당히 방해를 초래한다. 특정 상황에서 적절한 행동을 이끌어내지 못하거나, 우리가 원하는 것과 정반대의 결과를 이끌어내기 때문이다. 나이를 먹으면서 그런 부분들도 적절하게 성장해야 하지만, 어릴 적 한때 도움이 되었던 반응 방식에 갇히게 되면 성장하지 못하게 된다. 그리고 그러한 반응 방식은 나이가 들면서 바뀐 처리 방식과 더 이상 연결되어 있지 않은 채 우리 머릿속에서 독자적으로 존재하다가 우리를 지배해버린다.

가령 불안한 상황에 닥치면 어린 시절의 유치한 방어 방식이 '켜지고', 이를 통해 두려움도 함께 더 커진다. 또는 우리 속에 있던 "나는 약하고 세상은 위험하다"는 식의 유치한 방어 메커니즘이 우리가 직업적으로 도전을 해야 하는 시기에 우리를 지배하기 시작한다. 엄밀히 살펴보면 충분히 감당할 수 있을 도전인데도 말이다.

내면의 시스템을 다루는 작업에서 예민한 사람들은 방어 메커니즘의 측면들을 알아가야 한다. 그리고 우리를 방해하는 측면들의 의도와는 상관없이 결과가 좋지 않다는 사실을 분명히 의식하고, 의식적으로 자신의 개성으로 통합시켜야 한다. 그렇게 하면 더 이상 우리는 자동적으로 반응하지 않고 건설적인 의도와 목표에 맞추어져서 새로운 성장을 위한 행동을 할 수 있게 된다(이런 메커니즘을 더 잘 알고 싶은 사람은 일단 탐 홈스의 《내면세계로의 여행》을 읽어보라. 이 책에서 탐 홈스는 쉽고 공감 가는 글로 우리가 내면의 부분을 어떻게 다룰 수 있는지를 보여준다. 내적 시스템을 다루는 치료로는 자아상태요법Ego State therapy, 내면 가족 시스템 치유Internal Family Systems Therapy, IFS Therapy, 목소리 대화법Voice Dialogue Method 등이 있다).

## 부분 인격의 역할

부분 인격을 다루는 작업은 특히 예민한 사람들에게 바람직하다. 예민한 사람들은 자신의 지각을 무시함으로써 자신의 중심을 잃고, 부분 인격을 특히나 강하게 형성하는 경우가 많기 때문이다. 예민한 사람들은 주변에 스스로를 맞추고 보는 경향이 있어 자신의 필요나 관심사를 빠르게 발견하지 못한다.

우선 다른 사람들의 시각으로 자신과 세계를 경험하는 것이다. 가령 예민한 아이는 주변에 중요한 타인이 있는 경우 주변 세계를 그 사람처럼 지각한다. 저절로 그 사람처럼 생각하고, 느끼고, 행동한다. 이는 아이 편에서 볼 때 그 사람의 복사본이라 할 수 있는 부분 인격을 형성함으로써 가능하다. 그러다가 원래 자신과는 다른 부분 인격을 깨달으면, 이내 반대되는 부분 인격을 만들어낸다. 그러면 두 가지 부분 인격이 마찰을 빚어서, "내 속에 두 영혼이 있는 형국"이 된다.

부분 인격이 여러 개 존재하고, 아이의 주변에 아이를 전염시킬 수 있는 사람들이 많을수록, 내적 갈등은 더욱 커진다. 부분 인격들이 서로 마찰을 빚기 때문이다. 이런 경우 부분 인격들을 의식하고 통합하는 작업이 내적 긴장과 스트레스를 감소시켜주고, 인격의 중심을 잡아주어 균형 잡힌 인격으로 나아갈 수 있도록 한다.

# 자기 발전을 위한
# 지속적인 원동력

예민한 사람들은 자신이 보통 사람들보다 조금 예민할 뿐이라는 사실을 확인하는 것만으로도 안도할 수 있을 것이다. 정말 그렇다. 예민한 사람들은 조금 다른 사람들일 뿐, 이상한 사람들이 아니다. 심지어 세상에는 이런 사람들이 한두 명이 아니다. 그들이 적응에 탁월한 능력을 갖췄기에 겉으로는 예민하지 않게 보이는 것일 뿐, 사실 예민한 사람들은 알려진 것보다 더 많을 수도 있다. 또 어떤 예민한 사람들은 자신이 한계를 훌쩍 넘긴 사실을 깨닫고 발끈하는 반응을 보이는 탓에 오히려 둔감한 사람으로 오인되기도 한다.

## 예민한 사람들이 빠질 수 있는 함정들

예민한 성향에 대해 두루두루 이해를 하고 나면 우리는 스스로를 더 잘 이해할 수 있고, 있는 그대로 받아들일 수 있다. 하지만 이런 자기 인식 후에도 우리 앞에는 여전히 장애물과 걸림돌이 존재한다. 그래서 자칫 과거의 방식으로 돌아가는 함정에 빠질 수 있다. 우리 중 대다수의 사람은 한때 적응을 위해 무던히도 애를 썼고, 그 과정에서 무의식적인 지각 방식에 사로잡혀 스스로를 잃어버리고, 자신의 한계를 무시하곤 했다는 것을 기억해야 한다.

우리가 예민하다는 인식을 오용할 위험도 있다. 자신의 무능력을 합리화하거나 게으름을 변명하기 위해 예민함을 핑계 삼을 수도 있다. 어떤 사람은 자신이 예민하다는 이유로 주변 세계를 지배하려 하고, 주변 사람들로 하여금 자신의 민감성을 늘 의식하도록 하면서 예민하다는 특성을 입막음용으로 활용하기도 한다.

자신을 마치 '왕의 조언자'나 '우주의 대리자' 정도로 여기면서 다른 사람보다 더 나은 사람으로 생각하는 함정에 빠지는 사람들도 있다. 그들의 지혜가 일상을 헤쳐 나가는 데 충분히 도움이 되는지 여부는 신경 쓰지 않는다. 심지어는 자신이 특별한 인간이라도 되는 것처럼 행동하는 사람들도 있다. 이런 사람들은 자신에게 예민함 외에 다른 면이 공존한다는 것을 깨닫지 못하며, 간혹 자극 과잉 상태에서 스스로도 굉장히 둔감하게 행동한다는 사실을 무시해버린다.

그런가 하면 스스로 예민하다는 것을 의식하고, 세상으로부터 자신을 더욱 숨김으로써 자신을 보호하려는 사람도 있다. 그들은 소수의 예민한 사람들과 교류하면서 조용히 사는 것이 자신에게 가장 잘 어울리고, 자신의 생존을 위하는 길이라고 결론을 내리지만, 훗날 이러한 생각이 자신의 착각이었음을 깨닫게 될 것이다.

자, 이제 우리 앞에는 두 가지 길이 있다. 옛 습관에 지각을 맡겨버리거나 의식적으로 지각을 조절해나가는 것! 지각을 능동적으로 다루면 자극에 압도당하지 않고, 자극을 제대로 볼 수 있다. 나아가 우리가 삶에서 어느 정도의 괴로움과 기쁨을 스스로에게 허용할지 의식적으로 결정할 수 있다.

### 결점에서 강점으로

예민한 사람들은 다른 사람들보다 더 많이, 더 강하게 지각을 한다. 나는 이런 강점들을 포기하고 싶지 않다. 세상을 더 넓고 깊게 보고, 더 다채로운 체험을 하고, 더 민감하게 자극들을 연관 짓는 능력들을 잃고 싶지 않다. 이러한 모든 것들이 나의 내면을 풍요롭게 만들기 때문이다. 예민한 사람들은 높은 감수성으로 인해 더 민감하게 괴로움을 느끼지만, 그만큼 더 민감하게 기쁨과 행복도 경험할 수 있다. 단, 이러한 예민함이 우리의 삶에 유익이 되려면 지금까지 말한 노력을 실천

마치며

해야 한다.

우리가 자신의 특성을 받아들이고, 높이 평가하고, 스스로의 지각을 조절하고, 자극과 정보의 처리에 대한 책임을 기꺼이 지고자 할 때 비로소 우리의 재능은 우리에게 축복으로 작용할 수 있다. 그리고 우리는 우리의 재능을 어떻게 다룰 것인지 결정해야 한다. 남들과 다른 재능을 가지고 괴로워하면서 살 것인가, 아니면 의식적으로 살면서 성장을 도모할 것인가. 우리는 매 순간 선택의 기로에 서게 된다. 만약 의식적인 삶을 선택한다면, 우리는 풍성한 보상을 받게 될 것이다. 종종 단점으로 치부되던 높은 감수성이 우리와 주변 사람들의 삶을 풍요롭게 해주는 플러스 요인으로 작용하게 되는 것이다!

## 감사의 글

독자들이 이 책을 읽기까지 도와준 모든 이들에게 감사를 전한다. 적절한 시점에 이 책을 기획하여 의뢰해준 쾨젤 출판사의 심리/교육 팀장인 다그마 올초크에게 특별한 감사를 전하며, 더 명료하고 잘 읽힐 수 있는 원고가 되게끔 대담하게 바꾸고 생략할 부분들을 조언해주고, 세심하게 협력해준 편집 담당 하이케 마이어에게도 심심한 감사를 전한다.

# 예민함이라는 무기

초판  1쇄 발행 2018년 7월 18일
초판 10쇄 발행 2025년 1월  7일

지은이 | 롤프 젤린
옮긴이 | 유영미
펴낸이 | 한순 이희섭
펴낸곳 | (주)도서출판 나무생각
편집 | 양미애 백모란
책임편집 | 김승규
디자인 | 박민선
마케팅 | 이재석
출판등록 | 1999년 8월 19일 제1999-000112호
주소 | 서울특별시 마포구 월드컵로 70-4(서교동) 1F
전화 | 02)334-3339, 3308, 3361
팩스 | 02)334-3318
이메일 | book@namubook.co.kr
홈페이지 | www.namubook.co.kr
블로그 | blog.naver.com/tree3339

ISBN 979-11-6218-029-7  03180

값은 뒤표지에 있습니다.
잘못된 책은 바꿔 드립니다.